Léonard Lifese

...Et la lumière fut

Léonard Lifese

...Et la lumière fut

La succession des ministères

Éditions Croix du Salut

Mentions légales / Imprint (applicable pour l'Allemagne seulement / only for Germany)
Information bibliographique publiée par la Deutsche Nationalbibliothek: La Deutsche Nationalbibliothek inscrit cette publication à la Deutsche Nationalbibliografie; des données bibliographiques détaillées sont disponibles sur internet à l'adresse http://dnb.d-nb.de.

Toutes marques et noms de produits mentionnés dans ce livre demeurent sous la protection des marques, des marques déposées et des brevets, et sont des marques ou des marques déposées de leurs détenteurs respectifs. L'utilisation des marques, noms de produits, noms communs, noms commerciaux, descriptions de produits, etc, même sans qu'ils soient mentionnés de façon particulière dans ce livre ne signifie en aucune façon que ces noms peuvent être utilisés sans restriction à l'égard de la législation pour la protection des marques et des marques déposées et pourraient donc être utilisés par quiconque.

Photo de la couverture: www.ingimage.com

Editeur: Éditions Croix du Salut est une marque déposée de
Südwestdeutscher Verlag für Hochschulschriften GmbH & Co. KG
Heinrich-Böcking-Str. 6-8, 66121 Sarrebruck, Allemagne
Téléphone +49 681 37 20 271-1, Fax +49 681 37 20 271-0
Email: info@editions-croix.com

Produit en Allemagne:
Schaltungsdienst Lange o.H.G., Berlin
Books on Demand GmbH, Norderstedt
Reha GmbH, Saarbrücken
Amazon Distribution GmbH, Leipzig
ISBN: 978-3-8416-9804-9

Imprint (only for USA, GB)
Bibliographic information published by the Deutsche Nationalbibliothek: The Deutsche Nationalbibliothek lists this publication in the Deutsche Nationalbibliografie; detailed bibliographic data are available in the Internet at http://dnb.d-nb.de.

Any brand names and product names mentioned in this book are subject to trademark, brand or patent protection and are trademarks or registered trademarks of their respective holders. The use of brand names, product names, common names, trade names, product descriptions etc. even without a particular marking in this works is in no way to be construed to mean that such names may be regarded as unrestricted in respect of trademark and brand protection legislation and could thus be used by anyone.

Cover image: www.ingimage.com

Publisher: Éditions Croix du Salut is an imprint of the publishing house
Südwestdeutscher Verlag für Hochschulschriften GmbH & Co. KG
Heinrich-Böcking-Str. 6-8, 66121 Saarbrücken, Germany
Phone +49 681 37 20 271-1, Fax +49 681 37 20 271-0
Email: info@editions-croix.com

Printed in the U.S.A.
Printed in the U.K. by (see last page)
ISBN: 978-3-8416-9804-9

Copyright © 2012 by the author and Südwestdeutscher Verlag für Hochschulschriften GmbH & Co. KG and licensors
All rights reserved. Saarbrücken 2012

Préface

Nous pouvons déclarer avec certitude que le Dieu de la Bible est le Dieu vivant et qu'Il veille certainement sur Sa Parole et son peuple qui porte en lui cette Parole. Il avait déclaré ceci : « Et mon peuple ne sera plus jamais dans la confusion ».

Le peuple qu'Il s'est acquis Lui-même et qu'Il a libéré pour qu'il devienne sa possession ne pourra plus jamais retourner dans l'esclavage car Il le conduit Lui-même pour qu'il prenne possession de son héritage. Malgré que sur le chemin les Koré et les Dathan pouvaient s'élever pour ramener ce peuple dans l'esclavage mais Dieu veillait sur son peuple afin qu'il continue sa marche dans la liberté en Le servant Lui seul.

Il envoyait toujours Sa Parole pour leur montrer la vérité. Il marchait devant eux le jour sous la forme de la colonne de nuée et la nuit sous la forme de la colonne de feu. Cette colonne de feu éclairait le peuple la nuit afin qu'il continua de marcher. La lumière éclairait leur chemin afin qu'ils marchassent jour et nuit. Ex. 13 : 21

Lorsque les ténèbres s'abattent sur le peuple élu, le Seigneur envoie toujours sa lumière pour les éclairer afin qu'ils ne s'arrêtent pas mais qu'ils continuent. Beaucoup de faux enseignements ont été apportés au peuple de Dieu or, nous savons que tous ce qui est faux ne vient jamais de Dieu et cela a pour but d'éloigner le peuple de Dieu, du Seigneur et de l'amener dans le chemin de l'idolâtrie.

Derrière les fausses interprétations se cachent toujours l'ennemi de Dieu qui est aussi l'ennemi de l'homme car le but de satan c'est la destruction de l'homme.

Ce livre « Et la lumière fut… » est vraiment la lumière que le Seigneur apporte à son peuple afin qu'il voie ce que le Seigneur a fait et continue de faire. Afin qu'il sorte de fausses interprétations qui conduisent aux faux enseignements qui, finalement, donnent naissance aux fausses doctrines.

C'est merveilleux de voir comment le Seigneur au travers de cet écrit a mis en lumière l'enseignement sur la succession des ministères. C'est d'une telle clarté qu'il ne peut plus y avoir l'ombre d'un doute dans un véritable croyant qui a un cœur vraiment droit et qui avait soif de connaître la vérité.

Ce livre apporte la réponse aux questions que se posent beaucoup de croyants tant dans les églises dénominationnelles que dans les assemblées chrétiennes.

Dans ce livre le Seigneur montre clairement la place de chaque ministère et aussi le rôle de chacun afin qu'il n'y ait pas de confusion parmi son peuple.

Il reste et demeure le chef unique et principale de l'Eglise « c'est pourquoi moi aussi, ayant entendu parler de votre foi au Seigneur Jésus et de votre charité pour tous les saints, je ne cesse de rendre grâce pour vous, faisant mention de vous dans mes prières, afin que le Dieu de notre Seigneur Jésus-Christ, le Père de gloire, vous donne

TABLE DES MATIERES

Préface 1
Avant-propos 3
... ET LA LUMIERE FUT 4
L'Esprit de Vérité et L'esprit de l'erreur 11
I. SUCCESSION DES MINISTERES 14
La succession des ministères est-elle biblque ? 19
IL N'Y A PLUS DE SUCCESSION DES MINISTERES DANS LA NOUVELLE ALLIANCE 28
AVONS-NOUS BESOIN D'UN SUCCESSEUR DE WILLIAM BRANHAM ? 31
LES CINQ MINISTERES 33
POURQUOI SERAIT-IL LA TETE DE L'EGLISE ? 40
Que comprenons-nous alors dans Matthieu 24 : 45-51? 44
LE SURNATUREL 55
Conclusion 61

Avant-propos

Tout homme sur la terre a besoin de connaître la vérité, c'est son droit fondamental. Ce besoin de la vérité est inhérent à la nature de l'homme car tout ce qui constitue l'homme est vrai, il n'y a rien de faux dans sa constitution. Il est sorti de quelque chose de vrai c'est-à-dire la création.

La création est divine et ce qui est divin est toujours vrai. Le faux est venu plus tard avec la chute dans le jardin d'Eden. La quête de la vérité est quelque chose de présent dans la vie de l'homme. C'est pourquoi le créateur a pourvu le moyen pour qu'il arrive à la connaissance de la vérité car c'est sa volonté à l'endroit de l'homme : « *… Cela est vrai et agréable devant Dieu notre Sauveur, qui veut que tous les hommes soient sauvés et parviennent à la connaissance de la vérité.* » 1Tim. 2 : 3-4.

C'est par le moyen de Sa Parole que le Seigneur veut que les hommes parviennent à la connaissance de la vérité : « *Si vous demeurez dans ma Parole, vous êtes vraiment mes disciples et vous connaîtrez la vérité et la vérité vous affranchira* ».

C'est vraiment la raison d'être de ce livre.

Missionnaire Leonard LIFESE

... ET LA LUMIERE FUT

Dans les Saintes Ecritures, dans le premier livre de la Bible qui est la Genèse, nous lisons cette écriture:

« *Au commencement, Dieu créa les cieux et la terre. La terre était informe et vide; il y avait des ténèbres à la surface de l'abîme, et l'Esprit de Dieu se mouvait au-dessus des eaux* ». Gen. 1 : 1-2

Ce qui est très étonnant ici, c'est de constater, malgré que l'Esprit de Dieu se mouvait au-dessus des eaux, que le chaos était toujours là. Nous pouvons nous poser la question de savoir, où se trouvait ce Dieu qui avait créé les cieux et la terre ? Ne voyait-il pas ce chaos ?

La réponse nous est donnée au verset 2c : «... et l'Esprit de Dieu se mouvait au-dessus des eaux ».

La Bible dit : « *Dieu est Esprit, et il faut que ceux qui l'adorent, l'adorent en esprit et en vérité* ». Jean 4 : 24

Nous comprenons donc, lorsque la Bible dit : « *L'esprit de Dieu...* », elle parle donc de Dieu lui-même. Donc lors de la création, Il était là et Il observait toutes choses. Cela nous donne une grande leçon. Dieu observait bien le chaos qui était sur la terre. Il était là, Il voyait tout ce qui se passait, mais Il ne disait rien.

Aussi longtemps que Dieu n'avait rien dit, les ténèbres étaient toujours là, le chaos était toujours là. Cela laisse la place à des spéculations. Chacun a son mot à dire, il doit exprimer ce qu'il pense et pense que c'est ce qu'il dit qui est juste. Dans le royaume des aveugles, le borgne est roi.

Cela a toujours été ainsi depuis les temps. Ce temps de silence de Dieu est toujours d'une importance capitale; c'est effectivement pendant cette période que la nature des choses commence à se manifester et les choses deviennent beaucoup plus évidentes pour tous.

Nous remarquons en lisant dans Genèse au chapitre 1 que le chaos n'était pas causé par Dieu. Non ! Dieu n'était pas responsable du désordre car la Bible déclare :

« *Car Dieu n'est pas un Dieu de désordre mais de paix* ». 1 Cor. 14 : 33

Le chaos était causé par le mélange de deux choses qui ne peuvent jamais s'unir : « la lumière et les ténèbres », car la Bible dit : « *Dieu sépara la lumière d'avec les ténèbres* ».

Auparavant les deux choses étaient ensemble, c'était le conflit. Personne ne pouvait savoir ce qui se passait exactement aussi longtemps que Dieu n'avait pas parlé car la confusion existait. Les deux choses étaient mélangées, Dieu était le seul qui pouvait montrer la différence.

C'est ainsi que nous lisons : « *Dieu dit : Que la lumière soit !* **Et la lumière fut**. *Dieu vit que la lumière était bonne; et* **Dieu sépara la lumière d'avec les ténèbres**. » Gen. 1 : 3

Voilà ce que Dieu fit le premier jour. C'est seulement lorsque Dieu parla que du chaos sortit alors l'ordre, du chaos sortit le jardin d'Eden. C'est seulement lorsque le Seigneur notre Dieu sépara la lumière d'avec les ténèbres qu'Il continua son œuvre glorieuse de la création. Dieu n'est pas un Dieu de désordre ni de confusion. C'est un Dieu d'ordre et de lumière. Lorsque Dieu parle, la lumière se manifeste. Ce qui nous montre l'importance de la Parole de Dieu. Pas la parole des hommes ni ce que les hommes ont voulu dire ou donner comme leur propre pensée au sujet de la Parole de Dieu, mais bien ce que Dieu lui-même a dit. Nous constatons que, lorsque Dieu a parlé, il n'y a plus de confusion, tout devient très clair. Alors nous pouvons certainement sans l'ombre d'un doute prendre aussi une position très claire. Lorsque Dieu parle, la différence des choses apparait si clairement que la séparation est vraiment nécessaire. Ce n'est pas l'homme qui doit séparer, c'est en fait Dieu qui sépare. L'homme divise mais Dieu sépare. Car la Bible dit : «*Dieu vit que la lumière était bonne; et Dieu* (non pas un prétendu prédicateur, mais bien Dieu lui-même) *SEPARA la lumière d'avec les ténèbres* ».

Gen 1 : 3-5.

C'est Lui qui a vu et déclaré que la lumière était bonne. Si Dieu a dit que la lumière était bonne, qui peut changer et dire que la lumière n'est pas bonne? Pourquoi la lumière est elle bonne ? Simplement parce que c'est la nature de Dieu. « Dieu est lumière ». Sa Parole est l'absolu. Lorsqu'Il dit, la chose arrive et quand Il ordonne, elle doit exister. C'est l'autorité suprême. Il n'y a aucun homme qui peut être au-dessus de la Parole de Dieu. Cette Parole de Dieu a la puissance de transformation.

C'est par la Parole que Dieu a créé le monde. Tout ce qui existe a été créé par la Parole de Dieu. Rien de ce qui existe n'a pu exister sans la Parole de Dieu. C'est en elle que se trouve la vie. La vie est uniquement dans la Parole de Dieu. C'est elle qui est l'arbitre dans toutes les discussions, elle arrête les discussions et donne la solution à tous les problèmes et la réponse à toutes nos questions. La Parole de Dieu. Comme la Bible le dit : C'est bien la Parole de Dieu et non la parole d'un homme. Elle doit donc être laissée dans son contexte car Dieu qui l'a exprimée, l'a d'abord pensée. Car une parole est d'abord une pensée et lorsque la pensée est exprimée alors elle devient la parole parce qu'elle a été prononcée.

Aussi longtemps qu'elle est une pensée, elle ne peut pas produire son effet. Mais lorsqu'elle est exprimée, alors elle produit ce dont pour lequel elle a été exprimée. Aussi longtemps que Dieu avait sa pensée avec Lui et n'avait rien dit, le chaos était là parce que la pensée n'agit pas. Mais lorsque la pensée a été exprimée, elle devient une parole, c'est la parole qui agit.

*« C'est pourquoi nous rendons continuellement grâces à Dieu de ce qu'en recevant **LA PAROLE DE DIEU** que nous vous avons fait entendre, vous l'avez reçue, non comme la parole des hommes, mais, ainsi qu'elle l'est véritablement, comme **la Parole de Dieu, QUI AGIT EN VOUS QUI CROYEZ** ».* 1 Thess. 2 : 13.

Car cette Parole de Dieu «...*est vivante et efficace ...* » Heb. 4 : 12.

Il n'y a pas de places pour des spéculations lorsque Dieu a parlé car les choses deviennent claires pour les enfants de Dieu. Ils sont appelés : « *des enfants de la lumière et des enfants du jour* ». 1 Thess. 5 : 4. C'est exactement ce que la Bible dit : « *Dieu vit que la lumière était bonne; et Dieu sépara la lumière d'avec ténèbres.* **Dieu appela la lumière jour** (enfants de la lumière et enfants du jour); et **Il (Dieu) appela les ténèbres nuit.** Gen. 1 : 5. (*Nous ne sommes point de la nuit ni des ténèbres)* (1 Thess. 5 : 5c)

De même que les enfants de la lumière et des enfants du jour existent, de même aussi les enfants des ténèbres et de la nuit existent. Lorsque les deux semences sont ensemble, c'est le chaos car les enfants des ténèbres sont effectivement la semence de discorde. Ils ne sont jamais contents. Ils sont haineux, hypocrites, doubles. Ce sont des hommes à double langage, des hommes faux, sensuels n'ayant pas la nature de Dieu, ils ont la nature de leur père, mais toujours très religieux.

« *Ils lui répondirent : Notre père, c'est Abraham. Jésus leur dit: Si vous étiez enfants d'Abraham, vous feriez les œuvres d'Abraham. Mais maintenant vous cherchez à me faire mourir, moi qui vous ai dit la vérité que j'ai entendue de Dieu. Cela, Abraham ne l'a point fait. Vous faites les œuvres de votre père. Ils lui dirent : Nous ne sommes pas des enfants illégitimes; nous avons un seul Père, Dieu. Jésus leur dit: Si Dieu était votre Père, vous m'aimeriez, car c'est de Dieu que je suis sorti et que je viens; je ne suis pas venu de moi-même, mais c'est lui qui m'a envoyé. Pourquoi ne comprenez-vous pas mon langage ? Parce que vous ne pouvez écouter ma parole. Vous avez pour père le diable, et vous voulez accomplir les désirs de votre père. Il a été meurtrier dès le commencement, et il ne se tient pas dans la vérité, parce qu'il n'y a pas de vérité en lui. Lorsqu'il profère le mensonge, il parle de son propre fonds; car il est menteur et le père du mensonge. Et moi, parce que je dis la vérité, vous ne me croyez pas. Qui de vous me convaincra de péché? Si je dis la vérité, pourquoi ne me croyez-vous pas? Celui qui est de Dieu, écoute les paroles de Dieu; vous n'écoutez pas, parce que vous n'êtes pas de Dieu ».* Jean 8 : 39-47.

Les deux semences ne peuvent pas demeurer ensemble, il faut une séparation. C'est Dieu qui doit séparer. Ce n'est pas à l'homme de le faire, c'est à Dieu de le faire : *« Il leur proposa une autre parabole, et Il dit : Le royaume des cieux est semblable à un homme qui a semé une bonne semence dans son champ. Mais, pendant que les gens dormaient, son ennemi vint, sema de l'ivraie parmi le blé, et s'en alla. Lorsque l'herbe eut poussé et donné du fruit, l'ivraie parut aussi. Les serviteurs du maître de la maison vinrent lui dire : Seigneur, n'as-tu pas semé une bonne semence dans ton champ? D'où vient donc qu'il y a de l'ivraie ? Il leur répondit : C'est un ennemi qui a fait cela. Et les serviteurs lui dirent : Veux-tu que nous allions l'arracher? Non, dit-il, de peur qu'en arrachant l'ivraie, vous ne déraciniez en même temps le blé. Laissez croître ensemble l'un et l'autre jusqu'à la moisson, et, à l'époque de la moisson, je dirai aux moissonneurs: Arrachez d'abord l'ivraie, et liez-la en gerbes pour la brûler, mais amassez le blé dans mon grenier ».* Matth. 13 : 24-30

Avec un groupe mélangé comme ceci, Dieu ne peut absolument pas agir car, d'un côté il y a des croyants qui sont des enfants de la lumière et de l'autre côté il y a des enfants des ténèbres qui sont des incrédules. Ils prétendent croire en Dieu mais nient l'action de Dieu. Ce sont ceux-là qui disent : « Les temps des miracles sont passés, mais nous croyons à la Bible. Le temps des miracles est passé avec les apôtres ». Ils ne croient pas que Jésus-Christ notre Seigneur est le même hier, aujourd'hui et éternellement. Ils disent croire la Bible, mais pour eux, le temps de miracles ce n'est plus pour aujourd'hui, ce n'était valable que pour le temps des apôtres. Ce sont ces mêmes personnes qui se disent être des envoyés de Dieu, des croyants bibliques. Ce sont aussi ceux qui disent également que la colonne de feu ce n'est plus important, nous n'en avons pas besoin aujourd'hui. C'était valable uniquement du temps du prophète mais ce n'est plus valable aujourd'hui. C'est exactement le même esprit de ténèbres qui ne croit pas que Jésus-Christ est le même hier aujourd'hui et éternellement. La semence de discorde.

Ci-dessous l'extrait de la brochure : « L'Unité » P. 27 William Branham.

Prétendant croire la Parole de Dieu, mais reniant ce qui en fait la force. Dieu doit séparer. Mais que s'est-il passé au lieu de cela ? **Dieu a dû séparer la famille de Caïn et de Seth**, Il a renvoyé Caïn. Il les a séparés afin de pouvoir traiter avec Son église. Surveillez bien. Caïn a été séparé, surveillez la.

Dieu a séparé celui qui était d'Eve. Caïn le mauvais, de celui d'Adam Seth le saint. Oh, l'a-t-Il fait ? Par un acte illégitime, cette femme vivant avec quelqu'un d'autre et a eu un enfant. Dieu a séparé cet enfant et ses générations de cet homme juste et saint et de ses enfants.

C'est la même chose aujourd'hui. Séparant, Il les trouva séparés, ils n'étaient pas dans l'unité, ils ne pouvaient pas avoir d'unité.

La nuit peut-elle être en unité avec le jour ? Un croyant peut-il former une unité avec un incroyant ? Un homme qui croit toute la Parole de Dieu peut-il former une unité avec ceux qui ne croient qu'une partie de la Parole de Dieu ? Dieu veut des gens qui se séparent.

Caïn était le fils d'Eve et elle dit : « J'ai eu un fils ». Seth était le fils d'Adam. Et Dieu les a séparés parce qu'Il ne pouvait pas les laisser… Ils se seraient corrompus mutuellement. Les mauvais enfants de Caïn auraient corrompu les bons enfants de Seth. C'est vrai.

Surveillez maintenant.

Le même vieux démon qui a incité Eve à douter d'une seule Parole de Dieu et qui leur a dit de se séparer et de vivre de façon différente, ce même diable est venu parmi eux et les a réunis à nouveau. L'avez-vous saisi ? Dites Amen. [L'assemblée dit Amen.]

Il les ramena ensemble à nouveau sous une fausse union, un acte contre le plan de Dieu.

Qu'est-ce qui est arrivé ? Comment a-t-il fait cela ?

« Les fils de Dieu virent que les filles des hommes… » dit la Bible dans la Genèse. Les fils de Dieu, les enfants de Seth ont vu les filles des hommes, les enfants de Caïn comme elles étaient belles. **Ensemble unis à nouveau à cause de la beauté. Elles étaient belles à voir.**

C'est pareil aujourd'hui. Vous y êtes Frères! Vous, frères pentecôtistes faibles, vous que Dieu a séparés et envoyés pour être une inter dénomination. Vous ne pouvez former la pentecôte en dénomination. **Il vous a fait sortir pour que vous soyez Son peuple, mais vous avez vu les grandes et belles églises et la théologie, vous avez acquis de grandes écoles et des choses. Qu'avez-vous fait ? A nouveau, vous avez uni le peuple de Dieu à l'organisation.**

Chose dont le fondement est le catholicisme. De grosses églises, des gens bien habillés, le maire de la ville, et tous les autres y viennent mieux habillés, mieux instruits, les théologiens brillants, ils savent comment se présenter dans un endroit, où tout le monde porte des vêtements les plus chics, le pasteur se tient si parfaitement.

C'est quoi cela ? Vous regardez aux choses que Dieu a condamnées. Vous avez pris l'église pentecôtiste, oh Dieu, que cela ne manque pas sur la bande, et vous l'avez unie à l'organisation. Dieu n'a jamais voulu qu'il en soit comme cela. Il voulait qu'elle soit séparée, jamais unie au monde.

Le même vieux diable qui a incité Eve à douter de la Parole de Dieu et qui lui a fait mal, est revenu dans les parages et a pris des enfants de Seth et leur a montré les jolies femmes de Caïn, et ils se sont unis à nouveau.
Il ne s'agissait pas d'infidèles. Il ne s'agissait pas de communistes. C'étaient des croyants.
Ils ont dit : « Il se pourrait peut-être que le Seigneur fasse quelque chose ». Ils pensaient qu'ils faisaient ce qui était juste.
Qu'est-ce que Dieu a été obligé de faire ? Effacer tout cela. Sous une fausse union. Il a dû envoyer un déluge pour détruire tout le groupe. Le jugement est tombé à cause de cette fausse union. Le jugement a frappé l'Eden à cause de cette fausse union.
Le serpent avait-il une semence ? Honte à vous.
Une fausse union a amené le jugement sur la terre pour Eve et Adam, en Eden. Une fausse union a amené les flots du jugement de Dieu sur la terre parce que les filles de Caïn ont flirté avec les fils de Dieu, et ils se sont laissés prendre et se sont unis à nouveau. Vous y êtes. Une fausse union. Il ne peut rien arriver. Qu'est-ce que Dieu a fait ? Il a détruit tout cela, tout sauf le précieux Noé et sa famille.
Ils se sont réunis une fois de plus après cela, après la mort de Noé. De cette famille spirituelle de Noé. La première chose que l'on sait, les fils des hommes commencèrent à se côtoyer à nouveau.
Qu'est-ce qu'ils ont fait ? Ils ont dit : « Bon, nous ne sommes pas des infidèles, nous croyons tous en Dieu ». Ils se sont donc trouvés un type, un chef, un certain grand archevêque répondant au nom de Nimrod et ils ont bâti une tour.
Ils n'étaient pas des infidèles, ils croyaient qu'il y avait un ciel, ils croyaient qu'il y avait un enfer, ils croyaient dans les jugements. Mais les enfants de Dieu avec les filles des hommes, de nouveau et ils se sont formés une union, faussement et ont bâti une gigantesque cathédrale, une énorme organisation et tous les autres endroits devaient payer le tribut à Babel.
[Fin de citation. W. Branham l'Unité page 27.]

Nous remarquons que, pour que Dieu traite avec son Eglise il fallait qu'Il la sépare d'avec des incrédules. Il ne peut travailler avec les sois disants croyants et ils ne peuvent atteindre la perfection car ils ne sont pas dans le programme de Dieu. C'est pourquoi Dieu devait séparer la lumière d'avec les ténèbres, il ne travaille pas avec les ténèbres mais bien avec la lumière. Tant que Dieu s'était tu les ténèbres étaient à la surface de l'abime, le chaos régnait, mais lorsque Dieu parla, la lumière fut. Ceci est ce qui se passa au commencement, ce qui nous montre aussi le caractère de Dieu et surtout là où Dieu place sa confiance. Il ne la place pas dans un homme parce que la Bible dit : « ***Que Dieu, au contraire, soit reconnu pour vrai, et tout homme menteur,...*** » Rom. 3 : 4

Dieu place sa confiance dans sa propre Parole, Il l'a placée dans l'homme Jésus car il est *la Parole faite chair* (Jean 1 : 14). « *Et une voix se fit entendre des cieux, ces paroles : Celui-ci est mon Fils bien-aimé, en qui j'ai mis toute mon affection* ». Matth. 3 : 17.

Seule la Parole de Dieu possède la vie et apporte la lumière.

La Parole de Dieu est vraiment la vérité. Dès le commencement, nous pouvons voir d'une manière claire que ce que déclare la Parole de Dieu est *la vérité*. C'est elle qui nous a montrés ce qui était bon et ce qui était mauvais, alors que l'homme ne le savait pas, mais la Parole de Dieu le savait : « *Dieu vit que la lumière était bonne…* ».

Tout homme ayant un bon sens reconnaitra que la lumière est toujours bonne et les ténèbres mauvaises. En effet, c'est ce que la Parole de Dieu a démontré et déclaré depuis le commencement. Ce que la Parole de Dieu déclare bon demeurera toujours bon jusqu'à la fin. C'est pourquoi tout véritable enfant de Dieu est appelé à placer sa confiance dans la Parole de Dieu et non dans les explications des hommes au sujet de la Parole de Dieu. En réalité, Dieu est le seul interprète de sa propre Parole. C'est Lui qui en est l'Auteur.

La Parole est Dieu et Dieu est la Parole *:* « *Au commencement était la Parole, et la Parole était avec Dieu, et la Parole était Dieu…* » Jean 1 : 1

La Parole de Dieu est *une semence* (Luc 8 : 11) qui porte en elle le germe de vie afin de produire selon son espèce. Le propre d'une semence, ce qu'elle doit être semée dans un champ dans le but d'obtenir ce qu'on a mis en terre, c'est-à-dire semé. On sème pour récolter. Récolter quoi ? On récolte ce qu'on a semé.

La *semence de discorde* ne peut pas devenir *la semence de miséricorde* car *Dieu est miséricordieux* : «*Soyez donc miséricordieux, comme votre Père est miséricordieux*». Luc 6 : 36.

Un élu de Dieu n'est pas convaincu par les hommes et leurs arguments, il est toujours convaincu par la Parole de Dieu :

«*Je suis né et je suis venu dans le monde pour rendre témoignage à la vérité. Quiconque est de la vérité écoute ma voix* ». Jean 18 : 37

Jésus-Christ notre Seigneur est la **Parole de Dieu faite chair.**

La Parole de Dieu a pour rôle de rendre témoignage à la vérité : « *Sanctifie-les par TA VERITE : TA PAROLE EST LA VERITE* ».
Jean 17 : 17

« *Jésus dit : Je suis le chemin, LA VERITE, et la vie* ». Jean 14 : 6

L'Esprit de Vérité et L'esprit de l'erreur

Il y a en effet deux esprits :

L'Esprit de Vérité :

C'est le Saint-Esprit, l'Esprit de la promesse c'est-à-dire celui que le Seigneur Jésus-Christ avait promis en disant :

« *Je ne vous laisserai point orphelins …il vous est avantageux que je m'en aille, car si je ne m'en vais pas, le consolateur ne viendra pas vers vous; mais si je m'en vais, je vous l'enverrai… L'Esprit de vérité, que le monde ne peut recevoir … ».*

Ce qui est merveilleux, c'est de voir comment le Seigneur l'a appelé : « *Le consolateur* ». Pour consoler qui ? Ses disciples.

Pour quel but le Seigneur l'a-t-il envoyé à **SES DISCIPLES** ?

« *Quand le consolateur sera venu, l'Esprit de vérité, il vous conduira dans TOUTE LA VERITE* » Jean 16 : 13 ; l'Esprit de vérité pour nous conduire dans toute la vérité. Jamais l'Esprit de vérité ne nous conduira dans l'erreur car il n'y a pas d'erreur en Lui mais bien la vérité. Nous comprenons clairement que l'Esprit de vérité n'est pas un certain prédicateur mais bien la personne du Seigneur Jésus-Christ Lui-même. C'est l'Esprit que doivent recevoir les disciples du Seigneur et Sauveur Jésus-Christ, pas les disciples d'un homme, car c'est l'Esprit que leur envoie leur Maître afin qu'ils demeurent dans ses enseignements. Et l'Esprit du Maître les maintiendra dans ses enseignements, c'est-à-dire dans toute la vérité. Il ne va pas les conduire dans une petite vérité ni dans un morceau de la vérité mais bien **DANS TOUTE LA VERITE**. Ce sont ceux qui ne fondent pas leur foi sur les ouï-dire des sois disants prédicateurs mais bien sur l'ensemble du témoignage de la Parole de Dieu. Le Saint-Esprit les conduira dans *toute la vérité,* c'est-à-dire dans toute la Parole de Dieu. Cet Esprit *vient de Dieu.*

L'esprit de l'erreur :

C'est l'esprit qui vient du malin, c'est-à-dire de satan, il ne peut se tenir dans la vérité, c'est l'esprit que reçoit la semence de discorde car il produit les mêmes œuvres que satan avait manifestées depuis le commencement dans son fils Caïn : « *…et ne pas ressembler à Caïn, qui était du malin et qui tua son frère* ». 1 Jean 3 : 12

« *Jésus leur dit : Si Dieu était votre Père vous m'aimeriez, car c'est de Dieu que je suis sorti et que je viens; je ne suis pas venu de moi-même, mais c'est lui qui m'a envoyé. Pourquoi ne comprenez-vous pas mon langage ? Parce que vous ne pouvez écouter ma parole. Vous avez pour père le diable, et vous voulez accomplir les désirs de votre père. Il a été <u>meurtrier dès le commencement</u>, et il <u>ne se tient pas **DANS LA VERITE**</u>, parce qu'**IL N'Y A PAS DE VERITE EN LUI** ...* » Jean 8 : 42-44.

Il est impossible qu'il se tienne dans la vérité car il n'y a pas de vérité en lui. Tout ce qui est en lui n'est que le mensonge, la haine, l'hypocrisie, la jalousie, les meurtres, l'envie, l'ivrognerie, c'est la nature du monde, l'esprit du monde. Cet esprit n'a rien à voir avec ce que dit la Parole de Dieu. C'est cela l'esprit religieux, l'esprit fanatique. Comme il n'y a rien de Dieu, il doit y avoir du satan dedans, c'est l'esprit d'idolâtrie :

«*Ce sont ceux qui provoquent des divisions, hommes sensuels, **N'AYANT PAS L'ESPRIT** (l'Esprit de vérité)* » Jude 19

« *Eux, au contraire, ils parlent d'une manière injurieuse de ce qu'ils ignorent, et ils se corrompent dans ce qu'ils savent naturellement comme brutes. Malheur à eux ! Car ils ont suivi la voie de Caïn, ils se sont jetés pour un salaire dans l'égarement de Balaam, ils se sont perdus dans la révolte de Coré. Ces sont des taches dans vos agapes, faisant impudemment bonne chère, se repaissant eux-mêmes. Ce sont des nuées sans eau, poussées par les vents; des arbres d'automne* (en automne, la sève descend dans les racines des arbres, il n'y a pas de vie; ce sont des arbres sans vie) *sans fruits, deux fois morts, déracinés; des vagues furieuses de la mer, rejetant l'écume de leurs impuretés; des astres errants, auxquels l'obscurité des ténèbres est réservée pour l'éternité. C'est aussi pour eux qu'Enoch, le septième depuis Adam, a prophétisé, en ces termes : Voici le Seigneur est venu avec ses saintes myriades, pour exercer un jugement contre tous, et pour faire rendre compte à tous les impies parmi eux de tous les actes d'impiété qu'ils ont commis et de toutes les paroles injurieuses qu'ont proférées contre lui des pécheurs impies. Ce sont des gens qui murmurent, qui se plaignent de leur sort, qui marchent selon leurs convoitises, qui ont à la bouche des paroles hautaines, **<u>qui admirent les personnes PAR MOTIF D'INTERET</u>** ».* Jude 10-16

«*Sache que, dans les derniers jours, il y aura des temps difficiles. Car les hommes seront égoïstes, amis de l'argent, fanfarons, hautains, blasphémateurs, rebelles à leurs parents, ingrats, irréligieux, insensibles, déloyaux, calomniateurs, intempérants, cruels, ennemis des gens de bien, traîtres, emportés, enflés d'orgueil, aimant le plaisir plus que Dieu, ayant l'apparence de la piété, mais reniant ce qui en fait la force. Éloigne-toi de ces hommes-là. Il en est parmi eux qui s'introduisent dans les maisons, et qui captivent des femmes d'un esprit faible et borné, chargées de péchés, agitées par des passions de toute espèce, apprenant toujours et ne pouvant jamais arriver à la connaissance de la vérité. De même que Jannès et Jambrès s'opposèrent à Moïse, de même ces hommes s'opposent à la vérité, étant corrompus d'entendement, réprouvés en ce qui concerne la foi. Mais ils ne feront pas de plus grands progrès; car leur folie sera manifeste pour tous, comme le fut celle de ces deux hommes ».* 2 Tim. 3 : 1-9.

C'est un esprit charnel et qui manifeste les œuvres de la chair; ceux en qui il habite, ils deviennent sensuels. Ils sont très religieux, ils n'ont que les choses qui sont en rapport avec la Parole de Dieu dans leur bouche mais reniant ce qui en fait la force. Ils peuvent parler des choses de Dieu et en connaître la chronologie mais ils ne connaissent pas l'Auteur. Ils sont charnels admirant les hommes par motifs d'intérêts. En rapport avec la Parole de Dieu, la Bible dit d'eux : « *…apprenant toujours et ne pouvant jamais arriver A LA CONNAISSANCE DE LA VERITE* ». 2 Tim. 3 : 7

Ceux qui sont sous la conduite de cet esprit ne pourront jamais avoir comme **absolu LA PAROLE DE DIEU c'est-à-dire LA BIBLE, en d'autres termes : CE QUE DISENT LES SAINTES ECRITURES.**

Ils auront pour absolu ce qu'un certain Archevêque dira, car leur absolu, c'est le pape qui a été établi. Même si ce que leur pape ou archevêque dit est contraire à la Parole de Dieu, ils croiront l'archevêque ou le pape au lieu des Saintes Ecritures. C'est ce que le Seigneur dit :

« *Celui qui est de Dieu écoute les paroles de Dieu; vous n'écoutez pas, parce que vous n'êtes pas de Dieu* ». Jean 8 : 47.

Ils ne peuvent pas être des disciples du Seigneur Jésus-Christ.

L'Esprit de vérité et l'esprit de l'erreur sont opposés, comme la lumière est opposée aux ténèbres. Il n'y a rien de commun entre eux. Il n'y a rien de commun non plus entre LA SEMENCE DE MISERICORDE ET LA SEMENCE DE DISCORDE.

I. SUCCESSION DES MINISTERES

Tout le monde connaît cette appellation « **VICARIUS FILII DEI** » et presque tout le monde sait que cette inscription se trouve sur la tiare du pape. Il est appelé le souverain pontif « Pontifex maximus », titre que portaient également les empereurs romains ainsi que les prêtres babyloniens.

Cette appellation fait référence **à la réclamation de la succession apostolique**; c'est-à-dire « **Successeur de l'apôtre Pierre** ».

C'est en effet ce que prétend et réclame l'église catholique. Et pour confirmer ces prétentions, elle a donc établi la papauté, d'où la nécessité d'avoir un Pape qui est **le successeur de l'apôtre Pierre.** Afin qu'il n'y ait pas de doutes dans la pensée des uns comme des autres, l'église catholique a comme armoiries « **les clefs** » qui sont appelées : Les clefs de Saint-Pierre.

Comme successeur de l'apôtre Pierre, elle déclare avoir donc reçu «les clefs de Saint-Pierre » qui sont « les clefs du royaume des cieux ». Et pour couronner tout, elle se fonde sur cette Parole prononcée par le Seigneur Jésus-Christ à l'endroit de l'apôtre Pierre :

«Et moi, je te dis que tu es Pierre, et que sur cette pierre (petra) je bâtirai mon Eglise, et que les portes du séjour des morts ne prévaudront point contre elle. Je te donnerai les clefs du royaume des cieux : ce que tu lieras sur la terre sera lié dans les cieux, et ce que tu délieras sur la terre sera délié dans les cieux ». Matth. 16 : 18-19

Voilà la déclaration que s'est donc appropriée l'église catholique, voilà sur quoi est assis le pape. En fait, selon leur propre interprétation de cette écriture, l'apôtre Pierre serait donc le chef des apôtres, c'est-à-dire de tous les prédicateurs et de surcroît celui de l'Eglise que devait bâtir le Seigneur Jésus-Christ. Car toujours selon leur interprétation, cette Eglise serait donc bâtie sur l'apôtre Pierre, donc tout est incarné par lui et en plus c'est par lui que Dieu doit d'abord passer avant de faire quoi que ce soit.

Pourquoi ? La réponse est simple : Parce que le pape est « **Vicarius Filli Dei** », autrement dit : L'unique représentant du Fils de Dieu sur la terre. Voilà l'autorité et la responsabilité. C'est comme cela que l'église catholique par l'intermédiaire de son pape se sent investie de l'autorité suprême pour évangéliser le monde entier et faire en sorte que tous les croyants obéissent au pape. C'est seulement et uniquement ce qu'a dit le pape qui doit être reçu, cru et enseigné car il est le chef de tous les prêtres, c'est-à-dire des prédicateurs et de tous les croyants. Car toujours selon leur interprétation, il détient les clefs du royaume, il est le seul à qui Dieu a parlé.

Je me souviens lorsque j'étais encore très jeune, on me disait ceci : « Le pape est le seul qui entend la voix audible de Dieu, il parle avec Dieu constamment ».

Cela m'avait beaucoup marqué dans ma jeunesse car c'était une grande personne qui me disait cela et moi j'avais cru cela à cette époque-là. Imaginez-vous ce que cela avait produit dans un enfant ? L'admiration du pape qui était le seul à entendre une voix audible de Dieu et qui parlait avec Dieu. Quelle crainte ! Voilà dans quoi le monde était enfermé.

Donc, ce que le pape dit, même si cela n'est pas dans les Saintes Ecritures, tous les croyants catholiques sont sensés (obligé) de croire. Car comme le pape entend la voix audible de Dieu, il a le droit de publier seul les encycliques. Aucun prêtre catholique n'en a le droit, seul le pape. Ce qu'il a publié même si cela n'a rien à voir avec la véritable Parole de Dieu, cela a fait tout de même foi et doit être cru par tous. C'est ce qui fait le catholicisme aujourd'hui.

Personne ne se pose la question de savoir si tout cela a à voir avec Dieu ou pas ? Mais comme c'est un système bien établi, tout le monde marche dedans sans se poser des questions.

Si vous voulez poser une question, immédiatement on vous sort « Matth. 16 : 18-19 ».

Il est établi sur base de cette écriture. Que pouvez-vous dire encore ?

Mais en réalité, c'est une interprétation particulière de la Parole de Dieu. C'est en effet le sens que l'église catholique a voulu donner à cette écriture. En effet, la Parole de Dieu ne nécessite *aucune interprétation particulière.* Ce que l'écriture condamne, ce n'est pas l'interprétation de la Parole, mais bien « *L'INTERPRETATION PARTICULIERE ».* 2 Pierre 1 : 20-21.

Le Seigneur notre Dieu *interprète sa Parole* par son accomplissement.

Dieu dit : « *Que la lumière soit ! (*Son interprétation par Dieu =) *Et la lumière fut.*

La Parole de Dieu n'a pas besoin d'une interprétation particulière des hommes car Dieu interprète Lui-même sa Parole.

Qu'en est-il alors des « *clefs du royaume* » dont on parle dans Matthieu 16 « *…Je te donnerai les clefs du royaume des cieux… »?*

Lorsqu'une porte est fermée, on ne peut savoir ce qu'il y a à l'intérieur que si nous avons la clef pour ouvrir. Aussi longtemps que nous n'avons pas la clef, nous ne pourrons pas avoir accès à ce qui est à l'intérieur.

J'avais reçu un e-mail d'un frère qui m'insultait lorsque j'avais été conduit par le Seigneur à parler des clefs du royaume et de dire ce que cela était réellement selon les Saintes Ecritures.

Voilà ce qu'il m'a dit à propos de « clés du royaume », voici ce qu'il m'a dit : « les clefs du royaume est un ensemble d'enseignements ».

Si les clefs du royaume sont un ensemble d'enseignements, je voudrais savoir lesquels ?

Les clés du royaume des cieux, ce n'est pas un ensemble d'enseignements mais bien **LA REVELATION,** c'est la révélation de la Parole de Dieu. Nous devons savoir tous qu'une parole est une pensée exprimée. Avant que ça soit une parole c'est d'abord une pensée et lorsque la pensée est exprimée, elle devient alors la parole.

Dans Matthieu 28 : 18-20, nous lisons :

«Jésus, s'étant approché, leur parla ainsi : Tout pouvoir m'a été donné dans le ciel et sur la terre. Allez, faites de toutes les nations des disciples, les baptisant au nom du Père, du Fils et du Saint-Esprit, et enseignez-leur à observer tout ce que je vous ai prescrit ».

Ce sont là les paroles du Seigneur Jésus-Christ adressées à ses disciples. C'était les onze disciples auxquels Il s'est adressé. Il avait bien dit : *Baptisez-les (croyants) au nom du Père, du Fils et du Saint-Esprit.* De tous les disciples, c'est seulement à Pierre que le Seigneur s'adressa pour dire : *Je te donnerai les clefs du royaume des cieux.*

Il n'avait pas dit : *Je te donne les clefs du royaume des cieux, mais bien :* **JE TE DONNERAI,** cela veut dire que c'est dans le futur. Il avait bien spécifié : **LES CLES DU ROYAUME DES CIEUX.**

Dans les Actes, le jour de pentecôte, nous lisons : « *Alors Pierre* (pas un autre apôtre), *se présentant avec les onze, éleva la voix, et leur parla en ces termes* : *Hommes juifs et vous tous qui séjournez à Jérusalem …»* Actes 2 : 14.

Pourquoi Pierre et pas un autre apôtre?

Simplement parce que c'était à lui que le Seigneur avait dit : *Je te donnerai les Clefs du royaume des cieux.* Cet homme Pierre continue sa prédication :

« Que toute la maison d'Israël sache donc avec certitude que Dieu a fait Seigneur et Christ ce Jésus que vous avez crucifié. Après avoir entendu ce discours, ils (ces juifs qui étaient venus à Jérusalem (verset : 5-11)) *eurent le cœur vivement touché, et ils dirent à Pierre et aux autres apôtres : Hommes frères, que ferons-nous ? »* Actes 2 : 36-37.

Ces hommes étaient touchés et ils désiraient maintenant entrer dans le royaume des cieux car ils voulaient le salut. Ils étaient là avec ce désir ardent car leur cœur était vivement touché. Il faut maintenant ouvrir pour qu'ils entrent. Pierre devait avoir les clefs du royaume des cieux pour faire maintenant entrer ceux qui le désiraient.

Le Seigneur lui avait dit :

« JE TE DONNERAI LES CLES DU ROYAUME DES CIEUX, ce que tu lieras sur la terre sera lié dans les cieux, ce que tu délieras sur la terre sera délié dans les cieux ».

Voici les moments où Pierre avait besoin de ces clefs.

Les voici : *« Pierre leur dit : Repentez-vous, et que chacun de vous soit baptisé au Nom de Jésus-Christ ... »* Actes 2 : 38.

Il a tourné les clefs. En effet dans Matthieu 28, le Seigneur leur avait dit de baptiser au nom du Père, Fils et Saint-Esprit. Le jour de pentecôte, Il a donné à Pierre la pensée exacte au sujet de la parole qu'il avait prononcée, *C'EST LA REVELATION DE LA PAROLE DE DIEU.* Père, Fils et Saint-Esprit, ce sont des titres qui se rapportent à un nom et ce *Nom c'est JESUS-CHRIST.*

Dieu se manifestant de 3 façons différentes.

- Dans les cieux en tant que Père : *Notre Père qui est aux cieux.*

- Sur la terre en tant que Fils : *Tu es le Christ, le Fils du Dieu vivant.*

- Dans le croyant en tant que Saint-Esprit : *Ne savez-vous pas que vous êtes le temple de Dieu, et que l'Esprit de Dieu habite en vous.*

Pierre avait donc reçu les clefs le jour de la pentecôte et il a ouvert pour que les croyants puissent entrer. Ce qu'il a déclaré ce jour-là reste valable jusque dans l'éternité car c'est lié dans les cieux.

Voyez-vous ? DIEU INTERPRETE LUI-MEME SA PAROLE. LES SAINTES ECRITURES S'INTERPRETENT ELLES-MEMES. Nous avons le sens exact de ce que le Seigneur Jésus-Christ a dit au sujet des *clefs du royaume des cieux.*

Ci-dessous l'extrait de la brochure : "Révélation de Jésus-Christ : Age de Philadelphe" W. Branham.

THE.PHILADELPHIAN.CHURCH.AGE_ JEFF.IN ROJC 373-423 SATURDAY_ 60-1210

[181] By the Life of Christ, it reveals. And Peter must've had the... He was standing right there with the keys of--of the Kingdom of heaven in his hand, and the Kingdom is the Holy Ghost; hanging on his side the keys to the Kingdom. In other words, the revelation, 'cause Jesus told him. Oh, brother, don't you see that? Peter was the one that was blessed with the revelation of truth. And there he was standing right there, and he heard Jesus say, "Go ye therefore and teach all nations, baptizing them in the Name of the Father, Son, and Holy Ghost."

Peter turned around and said, "Lord, I sure got the keys here. I got the revelation what that meant, 'cause I know Father's no name, Son's no name, and the Holy Ghost's no name, but I know what that Name is. So I baptize you in the Name of the Lord Jesus Christ." Amen. Whew. That's right. »

[Fin de citation. W. Branham]

Traduction :

« Par la vie de Christ, ça se révèle. Et Pierre devait avoir les…Il se tenait là debout avec les clefs du royaume des cieux dans sa main, et le royaume c'est le Saint-Esprit; les clefs du royaume pendant à ses côtés. En d'autres termes : **LA REVELATION,** parce que Jésus lui a dit. Oh frère, ne voyez-vous pas cela ? Pierre était l'un de ceux qui étaient bénis avec la révélation de la vérité. Et là, il se tenait là, et il a entendu Jésus dire : « Allez partout et enseignez toutes les nations, les baptisant dans le Nom du Père, Fils, et Saint-Esprit ». Pierre se tourna et dit, « Seigneur, j'ai surement les clefs ici. J'ai la révélation de ce que cela veut dire, parce que je sais que Père n'est pas un nom, Fils n'est pas un nom, et Saint-Esprit n'est pas un nom, mais je sais ce qu'est ce Nom. Ainsi je vous baptise dans le Nom du Seigneur Jésus-Christ Amen ! Hum ! C'est juste ».

[Fin de citation. W. Branham]

…Et la lumière fut …

Nous pouvons nous poser la question suivante :

LA SUCCESSION DES MINISTÈRES EST-ELLE BIBLQUE ?

Pour répondre à cette question, nous devons examiner les Saintes Ecritures afin qu'elles nous donnent elles-mêmes la réponse à notre question.

Moïse et Josué

Si nous prenons dans le livre d'Exode, nous lisons :

«L'Eternel dit : J'ai vu la souffrance de mon peuple qui est en Egypte, et j'ai entendu les cris que lui font pousser ses oppresseurs, car je connais ses douleurs. Je suis descendu pour les délivrer de la main des Egyptiens, et pour le faire monter de ce pays dans un bon et vaste pays, dans un pays ruisselant de lait et de miel, dans les lieux qu'habitent les Cananéens, les Hétiens, les Amoréens, les Phéréziens, les Héviens et les Jébusiens.

Voici les cris des enfants d'Israël sont venus jusqu'à moi, et j'ai vu l'oppression que leur font souffrir les Egyptiens. Maintenant, va, je t'enverrai auprès de Pharaon, et tu feras sortir d'Egypte mon peuple, les enfants d'Israël ». Exode 3 : 7-10

La Bible déclare clairement que l'Eternel appela Moïse pour qu'il fasse sortir son peuple (les enfants d'Israël) de l'Egypte, pays d'esclavage pour le conduire dans la terre promise. Moïse avait donc la tâche de les faire sortir et de les conduire dans le pays où coule le lait et le miel, le pays de la promesse.

«Les enfants d'Israël partirent de Ramsès pour Succoth au nombre de six cents mille hommes de pied sans les enfants. Une multitude de gens de toute espèce montèrent avec eux; ils avaient aussi des troupeaux considérables de brebis et des bœufs. Ils firent des gâteaux cuits sans levain avec la pâte qu'ils avaient emportée d'Egypte, et qui n'était pas levée; car ils avaient été chassés d'Egypte, sans pouvoir tarder, et sans prendre des provisions avec eux. Le séjour des enfants d'Israël en Egypte fut de quatre cent trente ans. Et au bout de quatre cent trente ans, le jour même, toutes les armées de l'Eternel sortirent du pays d'Egypte. » Exode 12 : 37-41

Les enfants d'Israël sortirent bien de l'Egypte sous la conduite de Moïse pour aller dans la terre promise et l'Eternel les guidait dans leur marche.

«Ils partirent de Succoth, et ils campèrent à Etham, à l'extrémité du désert. L'Eternel allait devant eux, le jour dans une colonne de nuée pour les guider dans leur chemin, et la nuit dans une colonne de feu pour les éclairer, afin qu'ils marchassent jour et nuit. La colonne de nuée ne se retirait point de devant le peuple pendant le jour, ni la colonne de feu pendant la nuit ». Exode 13 : 20-21

Le Dieu qui a fait sortir les enfants d'Israël de l'Egypte était ce Dieu qui les conduisait car ils étaient sortis d'un pays pour entrer dans un autre pays. Tout au long de leur marche dans le désert, ils savaient qu'ils partaient pour une terre promise et que Moïse devait les conduire. Les Saintes Ecritures nous montrent que ce peuple ne cessait de se plaindre et de murmurer à tel point qu'ils ont poussé Moïse à frapper le rocher plutôt qu'à parler à ce rocher pour donner de l'eau.

*«Toute l'assemblée des enfants d'Israël arriva dans le désert de Tsin le premier mois, et le peuple s'arrêta à Kadès. C'est là que mourut Marie, et qu'elle fut enterrée. Il n'y avait point d'eau pour l'assemblée; et l'on se souleva contre Moïse et Aaron. Le peuple chercha querelle à Moïse. Ils dirent : Que n'avons-nous expiré, quand nos frères expirèrent devant l'Eternel ? Pourquoi avez-vous fait venir l'assemblée de l'Eternel dans ce désert, pour que nous y mourions, nous et notre bétail ? Pourquoi nous avez-vous fait monter hors d'Egypte, pour nous amener dans ce méchant lieu ? Ce n'est pas un lieu où l'on puisse semer, et il n'y a ni figuier, ni vigne, ni grenadier, ni de l'eau à boire. Moïse et Aaron s'éloignèrent de l'assemblée pour aller à l'entrée de la tente d'assignation. Ils tombèrent sur leur visage; et la gloire de l'Eternel leur apparut. L'Eternel parla à Moïse, et dit : Prends la verge, et convoque l'assemblée, toi et ton frère Aaron. Vous **PARLEREZ AU ROCHER**, et il donnera ses eaux; tu feras sortir pour eux de l'eau du rocher, et tu abreuveras l'assemblée et leur bétail. Moïse prit la verge qui était devant l'Eternel, comme l'Eternel le lui avait ordonné. Moïse et Aaron convoquèrent l'assemblée en face du rocher.*

*Et Moïse leur dit : Ecoutez donc, rebelles ! Est-ce de ce rocher que nous ferons sortir de l'eau ? Puis Moïse **LEVA LA MAIN, ET FRAPPA DEUX FOIS LE ROCHER AVEC SA VERGE.** Il sortit de l'eau en abondance. L'assemblée but, et le bétail aussi. Alors l'Eternel dit à Moïse : Parce que vous n'avez pas cru en moi, pour me sanctifier aux yeux des enfants d'Israël **VOUS NE FEREZ POINT ENTRER CETTE ASSEMBLEE DANS LE PAYS QUE JE LUI DONNE ».** Nom. 20 : 1-12

Moïse devait faire entrer les enfants d'Israël dans le pays de la promesse mais à cause de sa désobéissance, car au lieu de parler au rocher, il a frappé le rocher, Dieu s'est irrité contre lui et lui a dit qu'il n'allait pas faire entrer les enfants d'Israël dans le pays promis.

Moïse n'avait pas achevé sa mission, c'est-à-dire faire entrer les enfants d'Israël dans le pays de la promesse, car c'était le but pour lequel l'Eternel avait fait sortir les enfants d'Israël de l'Egypte.

Il est mort en chemin. C'EST DANS CETTE CONDITION-LA QU'UN SUCCESSEUR AU MINISTERE DE MOISE ETAIT NECESSAIRE.

« *L'Eternel dit à Moïse : Monte sur cette montagne d'Abarim, et regarde le pays que je donne aux enfants d'Israël. Tu le regarderas; mais toi aussi, tu seras recueilli auprès de ton peuple, comme Aaron; ton frère, a été recueilli, parce que vous avez été rebelles à mon ordre, dans le désert de Tsin, lors de la contestation de l'assemblée, et que vous ne m'avez point sanctifié à leurs yeux à l'occasion des eaux. Ce sont les eaux de contestation, à Kadès, dans le désert de Tsin. Moïse parla à l'Eternel et dit : Que l'Eternel, le Dieu des esprits de toute chair, établisse sur l'assemblée un homme qui sorte devant eux et qui entre devant eux, qui les fasse sortir et qui les fasse entrer, afin que l'assemblée de l'Eternel ne soit pas comme des brebis qui n'ont point de berger. L'Eternel dit à Moïse : PRENDS JOSUE, fils de Nun, homme en qui réside l'Esprit; et tu poseras ta main sur lui.*

<u>*Tu le placeras devant le sacrificateur Eléazar et devant toute l'assemblée, et tu lui donneras des ordres sous leurs yeux. Tu le rendras participant de ta dignité, afin que toute l'assemblée des enfants d'Israël l'écoute.*</u>

Il se présentera devant le sacrificateur Eléazar, qui consultera pour lui le jugement de l'urim devant l'Eternel; et Josué, tous les enfants d'Israël avec lui, et toute l'assemblée, sortiront sur l'ordre d'Eléazar, et entreront sur son ordre.

Moïse fit ce que l'Eternel lui avait ordonné. Il prit Josué, et il le plaça devant le sacrificateur Eléazar et devant toute l'Assemblée. Il posa ses mains sur lui, et il lui donna des ordres, comme l'Eternel l'avait dit par Moïse. » Nom. 27 : 12-23

Voilà comment Dieu a désigné Lui-même le successeur de Moïse, cela ne s'est pas fait en cachète derrière une maison, mais bien devant **toute l'assemblée.** Moïse devait le dire aux enfants d'Israël afin qu'ils sachent qu'après lui, c'est Josué qui devait le succéder afin que *toute l'assemblée d'Israël l'écoute car Moïse l'avait rendu participant à sa dignité. Moïse devait poser ses mains sur lui devant tout le peuple.*

« *L'Eternel dit à Moïse : Voici, le moment s'approche où tu vas mourir. Appelle Josué, et présentez-vous dans la tente d'assignation. Je lui donnerai mes ordres. Moïse et Josué allèrent se présenter dans la tente d'assignation. Et l'Eternel apparut dans la tente, dans une colonne de nuée; et la colonne de nuée s'arrêta à l'entrée de la tente*». Deut. 31 : 14-15

« L'Eternel donna ses ordres à Josué, fils de Nun. Il dit : Fortifie-toi et prends courage, car c'est toi qui feras entrer les enfants d'Israël dans le pays que j'ai juré de leur donner, et **JE SERAI MOI-MEME AVEC TOI** (L'Eternel allait devant eux, le jour dans une colonne de nuée…la nuit dans une colonne de feu …) ». Deut. 31 : 23

Je suis l'Eternel et je ne change pas. Voilà bibliquement comment les choses se passent.

Aaron et Eléazar

*« Toute l'Assemblée des enfants d'Israël partit de Kadès, et arriva à la montagne de Hor. L'Eternel dit à Moïse et à Aaron, vers la montagne de Hor, sur la frontière du pays d'Edom : Aaron va être recueilli auprès de son peuple; car il n'entrera point dans le pays que je donne aux enfants d'Israël, parce que vous avez été rebelles à mon ordre, aux eaux de Meriba. Prends Aaron et son fils Eléazar, et fais-les monter sur la montagne de Hor. Dépouille Aaron de ses vêtements, et **FAIS-LES REVETIR A ELEAZAR SON FILS.** C'est là qu'Aaron sera recueilli et qu'il mourra. Moïse fit ce que l'Eternel avait ordonné, ils montèrent sur la montagne de Hor, aux yeux de toute l'assemblée. Moïse dépouilla Aaron de ses vêtements, et les fit revêtir à Eléazar, son fils. Aaron mourut là au sommet de la montagne. Moïse et Eléazar descendirent de la montagne. Toute l'assemblée vit qu'Aaron avait expiré, et toute la maison d'Israël pleura Aaron pendant trente jours. »* Nom. 20 : 22-29

Aaron ne pouvait pas continuer, c'est Eléazar qui a pris sa place. « **Moise dépouilla Aaron de ses vêtements et les fit revêtir à Eléazar** ». C'est lui qui devait continuer avec le peuple.

Elie et Elisée

« Et voici, une voix lui fit entendre ces paroles : Que fais-tu ici, Elie ?

Il répondit : J'ai déployé mon zèle pour l'Eternel, le Dieu des armées; car les enfants d'Israël ont abandonné ton alliance. Ils ont renversé tes autels, et ils ont tué par l'épée tes prophètes; je suis resté, moi seul, et ils cherchent à m'ôter la vie. L'Eternel lui dit : Va, reprends ton chemin par le désert jusqu'à Damas : quand tu seras arrivé, **TU OINDRAS HAZAEL POUR ROI DE SYRIE. TU OINDRAS AUSSI JEHU**, *fils de Nimschi*, **POUR ROI D'ISRAEL ET TU OINDRAS ELISEE**, *fils de Schaphath, d'Abel-Mehola* **POUR PROPHETE A TA PLACE …** » 1 Rois 19 : 14-16

L'Eternel avait dit à Elie son prophète d'accomplir 3 choses :

1. Oindre Hazaël pour roi de Syrie

2. Oindre Jéhu   pour roi d'Israël

3. Oindre Elisée pour prophète à sa place

De ces trois choses que l'Eternel avait demandées à Elie son prophète d'accomplir, Elie n'a accompli **qu'une seule chose** :

« *Elie partit de là, et il trouva Elisée, fils de Schaphath, qui labourait. Il y avait devant lui douze paires de bœufs, et il était avec la douzième. Elie s'approcha de lui, et il jeta sur lui son manteau. Elisée, quittant ses bœufs, courut après Elie, et dit : Laisse-moi embrasser mon père et ma mère, et je te suivrai. Elie lui répondit : Va, et reviens; car pense à ce que je t'ai fait. Après s'être éloigné d'Elie, il revint prendre une paire de bœufs, qu'il offrit en sacrifice; avec l'attelage des bœufs, il fit cuire leur chair, et la donna à manger au peuple. Puis il se leva, suivi Elie, et fut à son service* ». 1 Rois 19 : 19-21

C'est l'unique chose qu'Elie fit de trois choses qui lui fut demandées de faire. Depuis ce jour-là, les Saintes Ecritures disent qu'Elisée fut à son service et il ne quitta point Elie jusqu'à ce qu'Elie fut enlevé au ciel.

« *...Lorsqu'ils eurent passé, Elie dit à Elisée : Demande ce que tu veux que je fasse pour toi, avant que je sois enlevé d'avec toi. Elisée répondit : Qu'il y ait sur moi, je te prie, une double portion de ton esprit ! Elie dit : Tu demandes une chose difficile. Mais si tu me vois pendant que je serai enlevé d'avec toi, cela t'arrivera ainsi; sinon, cela n'arrivera pas. Comme ils continuaient à marcher en parlant, voici, un char de feu et des chevaux de feu les séparèrent l'un de l'autre, et Elie monta au ciel dans un tourbillon. Elisée regardait et criait : Mon père ! Mon père ! Char d'Israël et sa cavalerie ! Et il ne le vit plus ...* » 2 Rois 2 : 9-12

Elie était monté au ciel sans avoir terminé ce que l'Eternel lui avait demandé de faire. ***C'EST DANS CETTE CONDITION-LA QU'ETAIT NECESSAIRE D'AVOIR UN SUCCESSEUR D'ELIE POUR ACHEVER LA TACHE.***

C'est, en effet, ce que nous lisons dans les Saintes Ecritures :

« *Elisée le prophète, appela l'un des fils des prophètes, et lui dit : Ceins tes reins, prends avec toi cette fiole d'huile et va à Ramoth en Galaad. Quand tu y seras arrivé, vois **JEHU**, fils de Josaphat, fils de Nimschi. Tu iras le faire lever du milieu de ses frères, et tu le conduiras dans une chambre retirée. Tu prendras la fiole d'huile, que tu répandras sur sa tête, et tu diras : **AINSI PARLE L'ETERNEL : JE T'OINS ROI D'ISRAEL !** Puis tu ouvriras la porte, et tu t'enfuiras sans t'arrêter ...* » 2 Rois 9 : 1-4

La tâche qu'Elie devait accomplir et qu'il n'a pas achevée, c'est Elisée qui l'accomplit car l'Eternel avait dit :

« *Tu oindras Elisée, fils de Shaphath, d'Abel-Mehola <u>pour prophète à ta place</u>* ».

Nous constatons donc que **LA SUCCESSION DANS LES MINISTERES était valable dans l'ANCIEN TESTAMENT.**

QU'EN EST-IL ALORS DE LA SUCCESSION DANS LES MINISTERES DANS LE NOUVEAU TESTAMENT ?

Dans le nouveau testament, c'est-à-dire dans la nouvelle Alliance, la succession dans les ministères n'est pas valable. Dans l'ancienne alliance, cela était valable mais pas dans la nouvelle alliance. Pourquoi donc ?

Parce que tout ce qui était dans l'ancien testament était l'ombre des choses à venir. Moïse était un type de Christ. Quand on parle de type, il s'agit de l'ombre de la réalité. Ils étaient tous des types de Christ. Un type est une ombre et l'ombre est la projection de la réalité mais l'ombre est imparfaite.

« *Que personne donc ne vous juge au sujet du manger ou du boire, ou au sujet d'une fête, d'une nouvelle lune, ou des sabbats,* **C'ETAIT L'OMBRE DES CHOSES A VENIR MAIS LA REALITE EST CELLE DU CHIRST** ». Col. 2 : 16-17 (Thomson)

« *En effet, la loi, qui possède une ombre des biens à venir, et NON l'exacte représentation des choses, ne peut jamais, par les mêmes sacrifices qu'on offre perpétuellement chaque année, amener les assistants à la perfection* ». Heb. 10 : 1

La nouvelle alliance a commencé avec Christ notre Seigneur :

« *C'est pourquoi Christ, entrant dans le monde…* ».

Pas avant, mais seulement lorsque Christ notre Seigneur vint.

C'est pourquoi l'Ecriture déclare :

« *C'est pourquoi Christ, entrant dans le monde, dit : Tu n'as voulu ni sacrifice ni offrande, mais tu m'as formé un corps; tu n'as agréé ni holocauste ni sacrifices pour le péché. Alors je dis: Voici je viens (dans le rouleau du livre il est question de moi) pour faire, ô Dieu ta volonté. Après avoir dit d'abord : Tu n'as voulu et tu n'as agréé ni sacrifices ni offrandes, ni holocaustes ni sacrifices pour le péché (ce qu'on offre selon la loi), il dit ensuite :* **VOICI JE VIENS POUR FAIRE ô DIEU, TA VOLONTE** (ce que Moïse et les autres n'ont pas pu faire). **IL ABOLIT AINSI LA PREMIERE CHOSE POUR ETABLIR LA SECONDE** ». Heb. 10 : 5-9

C'est aussi en effet ce que les Saintes Ecritures apportent encore avec plus de clarté :

« *Mais maintenant il* (Christ) *a obtenu un ministère d'autant supérieur qu'il est le médiateur d'une alliance plus excellente, qui a été établie sur de meilleures promesses. En effet, si la première alliance avait été sans défaut, il n'aurait pas été question de la remplacer par une seconde. Car c'est avec l'expression d'un blâme que le Seigneur dit à Israël: Voici, les jours viennent, dit le Seigneur, où je ferai avec* la maison d'Israël et la maison de Juda *UNE NOUVELLE ALLIANCE... En disant : UNE NOUVELLE ALLIANCE, il a déclaré la première ancienne; or, ce qui est ancien, ce qui a vieilli, est **PRES DE DISPARAÎTRE** »*. Héb. 8 : 6-13

« La première alliance avait aussi des ordonnances relatives au culte, et le sanctuaire terrestre. Un tabernacle fut, en effet, construit ». Heb. 9 : 1

Ce tabernacle a été construit selon le modèle du véritable tabernacle qui a été dressé par le Seigneur et non par un homme. C'est ce tabernacle qui fut montré à Moïse sur la montagne afin de reproduire exactement selon le modèle qu'il avait vu. Dans le tabernacle terrestre, il y avait un souverain sacrificateur, c'était Aaron qui était établi comme souverain sacrificateur. Il était un type de Christ comme aussi le tabernacle terrestre était également un type. Un type est une ombre, il est donc imparfait. C'est aussi de cette manière que les sacrifices, qui étaient offerts dans l'ancienne alliance dans le tabernacle terrestre, étaient des types; c'était l'ombre c'est-à-dire l'image. Elles ne pouvaient jamais amener les assistants à la perfection car c'était l'ombre et non l'exacte représentation. Même le souverain sacrificateur était un homme sujet à beaucoup de faiblesses.

« En effet, tout souverain sacrificateur pris du milieu des hommes est établi pour les hommes dans le service de Dieu, afin de présenter des offrandes et des sacrifices pour les péchés. Il peut être indulgent pour les ignorants et les égarés, puisque la faiblesse est aussi son partage. Et c'est à cause de cette faiblesse qu'il doit offrir des sacrifices pour ses propres péchés, comme pour ceux du peuple ». Heb. 5 : 1-3

Dans un tabernacle terrestre fait selon le modèle du tabernacle céleste, tout ce qu'on peut y offrir ne pourra jamais amener les assistants à la perfection car le souverain sacrificateur lui-même n'était pas parfait. Et en plus, la mort intervenait et l'empêchait d'être permanent pour accomplir son service. C'est pourquoi, il fallait qu'il y ait une succession dans le sacerdoce.

*« De plus, il y a eu des sacrificateurs en grand nombre, **PARCE QUE LA MORT LES EMPECHAIT D'ETRE PERMANENT** »*. Héb. 7 : 23

C'est pourquoi en rapport avec la nouvelle alliance, nous lisons :

*« Mais Christ est venu comme **SOUVERAIN SACRIFICATEUR** des biens à venir; il a traversé **LE TABERNACLE PLUS GRAND ET PLUS PARFAIT, QUI N'EST PAS CONSTRUIT DE MAIN D'HOMME,** c'est-à-dire **QUI N'EST PAS DE CETTE CREATION ;...** »*. Heb. 9 : 11

Lorsque Christ vint vers Jean-Baptiste au Jourdain pour être baptisé par Lui, Jean lui dit :

« *C'est moi qui ai besoin d'être baptisé par toi, et tu viens à moi! Jésus lui répondit : Laisse faire maintenant car il est convenable que nous accomplissions ainsi tout ce qui est juste*». Matth. 3 : 14-15

Jean s'écria au milieu de la foule : «*Voici l'agneau de Dieu **QUI OTE LE PECHE DU MONDE** ».* Jean 1 : 29.

Jésus-Christ notre Seigneur était l'accomplissement de la Parole de Dieu ; l'Agneau véritable par rapport à l'agneau type de l'ancien testament dont le sang ne couvrait que les péchés car c'était l'ombre. Mais lorsque le parfait est venu, toute la plénitude de la divinité était en Lui, toute la puissance était en Lui, toute la perfection était en Lui. C'était la réalité. Tout ce qu'Il pouvait faire était parfait car Il est la perfection. C'est pourquoi la Bible dit : « *Car par une seule offrande, il* **(Christ, l'agneau de Dieu)** *a amené* ***A LA PERFECTION POUR TOUJOURS CEUX QUI SONT SANCTIFIES*** ». Heb. 10 : 14

Que c'est merveilleux d'avoir un tel Sauveur, quelle grâce!

Les Saintes Ecritures déclarent :

« *Il nous convenait, en effet, d'avoir un **SOUVERAIN SACRIFICATEUR** comme Lui, saint, innocent, sans tache, séparé des pécheurs, et plus élevé que les cieux, qui n'a besoin, comme **LES SOUVERAINS SACRIFICATEURS*** (succession)***, d'offrir chaque jour des sacrifices, d'abord pour ses propres péchés , ensuite pour ceux du peuple, CAR CECI IL L'A FAIT UNE FOIS POUR TOUTES EN S'OFFRANT LUI-MÊME. En effet, la loi établit souverains sacrificateurs des hommes sujets à la faiblesse; mais la parole du serment qui a été fait après la loi*** (Nouvelle Alliance-Nouveau Testament) *établit le Fils, qui est **PARFAIT** pour l'éternité* ». Heb. 7 : 26-28

IL N'Y A PLUS DE SUCCESSION DES MINISTERES DANS LA NOUVELLE ALLIANCE

C'est en effet ce que l'Ecriture déclare si parfaitement :

« *De plus, il y a eu des sacrificateurs en grand nombre, parce que la mort les empêchait d'être permanent. Mais lui* (Christ)*, parce qu'il demeure éternellement, possède un sacerdoce **QUI N'EST PAS TRANSMISSIBLE**. C'est aussi pour cela qu'il peut sauver **PARFAITEMENT** ceux qui s'approchent de Dieu par lui, **ETANT TOUJOURS VIVANT POUR INTERCEDER A LEUR FAVEUR*** ». Heb. 7 : 23-24

C'est pourquoi, en effet, l'apôtre Pierre n'avait pas besoin d'un successeur. Aujourd'hui dans la nouvelle alliance, aucun ministère n'a besoin d'un successeur car Christ notre Seigneur est venu pour accomplir la volonté de Dieu. Nous pouvions avoir besoin de succession des ministères si Christ notre Seigneur n'avait pas achevé ce dont pour lequel Il était venu au monde.

Mais l'Ecriture dit : « *Après cela, Jésus, qui savait que tout était déjà consommé, dit, afin que l'Ecriture fut accomplie: **J'AI SOIF**. Il y avait là un vase plein de vinaigre. Les soldats en remplirent une éponge, et, l'ayant fixée à une branche d'hysope, ils l'approchèrent de sa bouche. Quand Jésus eut pris du vinaigre, il dit : **TOUT EST ACCOMPLI**. Et il baissa la tête, il rendit l'esprit* ». Jean 19 : 28-30

Il a tout accompli. Que reste-il encore à faire ?

Mon rédempteur a **TOUT ACCOMPLI**.

Bien-aimés en Christ, les Saintes Ecritures sont très claires, seuls les enfants des ténèbres ne pourront voir cela et certainement qu'ils chercheront à combattre. Mais, qui a déjà vaincu la Parole de Dieu ? Dans la nouvelle alliance, la succession des ministères n'est pas valable. Si c'était valable, **alors le Seigneur Jésus-Christ aurait attendu la mort de Pierre pour susciter l'apôtre Paul. Parce que Paul devait succéder à l'apôtre Pierre pour continuer le ministère. C'est anti-scripturaire. Chose pareille n'est pas dans l'église du nouveau testament.** Le Seigneur a appelé Paul au ministère du vivant de Pierre et des autres apôtres. Il n'y a pas de succession des ministères. Dans l'Eglise du nouveau testament, il n'y a pas de succession des ministères car la Bible dit :

« *Il y a diversité de dons, mais le **MEME ESPRIT**; diversité de ministères, mais le **MEME SEIGNEUR**; diversités d'opérations, mais le **MEME DIEU** qui opère **TOUT EN TOUS*** » 1 Cor. 12 : 4-6

« ***Christ EN VOUS, l'espérance de la gloire*** ». Col. 1 : 27

Dans la nouvelle alliance, le sang de Christ a ôté le péché. L'adorateur qui vient à Lui et l'accepte comme Agneau de Dieu qui ôte le péché et qui L'accepte comme son Sauveur personnel est justifié par Lui de toutes choses dont il (adorateur) ne pouvait être justifié par la loi de Moïse. Il reçoit le pardon de ses péchés. Non seulement il est justifié mais également il est sanctifié; alors la vie de Christ qui était dans le sang revient dans le croyant, c'est le baptême du Saint-Esprit. Lorsque le croyant est baptisé du Saint-Esprit, il est alors placé dans le Corps de Christ. Il est dans le repos. Ce n'est plus lui qui vit, c'est Christ qui vit en lui.

La Bible dit : « *Après avoir livré sa vie en sacrifice pour le péché, il verra une* **POSTERITE** *et* **PROLONGERA SES JOURS** *et l'œuvre de l'Eternel prospérera entre ses mains* ». Esaïe 53 : 10.

Ce n'est plus une **SUCCESSION** mais bien **UNE POSTERITE,** des fils et des filles de Dieu, des enfants de Dieu qui sont nés de Dieu.

Cette postérité **est placée dans le CORPS DE CHRIST.**

« *Car, comme le corps est un et a plusieurs membres, et comme tous les membres du corps, malgré leur nombre, ne forment qu'un seul corps, ainsi en est-il de Christ. Nous avons tous, en effet, été baptisés dans un seul Esprit, pour former un seul corps, soit Juifs, soit Grecs, soit esclaves, soit libres, et nous avons tous été abreuvés d'un seul Esprit. Ainsi le Corps n'est pas un seul membre, mais il est formé de plusieurs membres. Si le pied disait : Parce que je ne suis pas une main, je ne suis pas du corps, ne serait-il pas du corps pour cela? Et si l'oreille disait : Parce que je ne suis pas un œil, je ne suis pas du corps, ne serait-elle pas du corps pour cela ? Si tout le corps était œil, où serait l'ouïe ? S'il était toute ouïe, où serait l'odorat ? Maintenant Dieu a placé chacun des membres dans le corps comme il a voulu. Si tous étaient un seul membre, où serait le corps? Maintenant donc il y a plusieurs membres, et un seul corps. L'œil ne peut pas dire à la main : Je n'ai pas besoin de toi; ni la tête dire aux pieds : Je n'ai pas besoin de vous. Mais bien plutôt, les membres du corps qui paraissent être les plus faibles sont nécessaires; et ceux que nous estimons être les moins honorables du corps, nous les entourons d'un plus grand honneur. Ainsi nos membres les moins honnêtes reçoivent le plus d'honneur, tandis que ceux qui sont honnêtes n'en ont pas besoin. Dieu a disposé le corps de manière à donner plus d'honneur à ce qui en manquait, afin qu'il n'y ait pas de division dans le corps, mais que les membres aient également soin les uns des autres. Et si un membre souffre, tous les membres souffrent avec lui; si un membre est honoré, tous les membres se réjouissent avec lui. Vous êtes le corps de Christ, et vous êtes ses membres, chacun pour sa part* ». 1 Cor. 12 : 12-27

La Bible dit : « *Vous êtes le corps de Christ, et vous êtes ses membres, chacun pour sa part»*. 1 Cor. 12 : 27

Pourquoi alors les querelles, pourquoi alors la jalousie ?

Bien-aimés en Christ, **dans la nouvelle alliance, personne ne peut prendre la place de quelqu'un d'autre,** chacun a sa place, la place qui lui est destinée par le Seigneur car c'est le Seigneur qui place ses membres dans son corps. L'apôtre Paul n'avait pas besoin de prendre la place de Pierre ou Pierre celle de Paul ou que le Seigneur devait attendre la mort de Pierre pour susciter Paul. Ce sont des enseignements anti-scripturaires venant des sois-disants docteurs de la Bible. En fait, c'est par manque de connaissance exacte des choses de Dieu que l'on a gardé depuis longtemps le peuple de Dieu dans la prison.

Paul avait un appel du Seigneur en fonction de son ministère, Pierre avait aussi son appel qu'il avait reçu et il n'y avait pas de combat entre Pierre et Paul.

D'où viennent les luttes ? C'est à cause du leadership. Je veux être le seul, il n'y a que moi. C'est lorsque l'homme est sous l'influence d'un mauvais esprit qu'il veut être au-dessus de tous les autres et être considéré comme le chef principal. Dans l'Eglise du nouveau testament, personne ne peut prendre la place de quelqu'un d'autre. Certains pourront dire : Et alors pourquoi Pierre a-t-il dit : « ***Qu'un autre prenne sa charge...»*** *Actes* 1 : 21, parlant de Juda Iscariot.

Maintenant, je pose la question : Si c'est dans la pensée de succéder à Judas, donc la personne qui devait le succéder devait alors continuer la tâche de Judas l'Iscariot c'est-à-dire « traitre, semence du malin ». Qui est cette personne qui pouvait accepter cela ?

En effet, si l'apôtre Pierre s'est exprimé ainsi, c'est parce qu'il « *fallait que s'accomplît ce que le Saint-Esprit dans l'Ecriture avait annoncé d'avance, par la bouche de David, au sujet de Judas... or, il est écrit dans le livre des Psaumes : Que sa demeure devienne déserte, et que personne ne l'habite ! Et : Qu'un autre prenne sa charge ».* Actes 1 : 15-20

Toute Ecriture doit s'accomplir. Ils attendaient la puissance d'en- haut car l'Eglise a vraiment commencé le Jour de pentecôte.

Voici comment les Saintes Ecritures nous donnent la pensée qu'avait Pierre au sujet de prendre sa charge : «...***Un qui nous soit ASSOCIE COMME TEMOIN DE SA RESURRECTION***». Actes 1 : 22, mais pas comme successeur de Judas l'Iscariot.

Maintenant la question est celle-ci :

AVONS-NOUS BESOIN D'UN SUCCESSEUR DE WILLIAM BRANHAM ?

Pour un véritable fils de Dieu, la réponse est claire : NON

Ce n'est pas conforme aux Saintes Ecritures d'avoir un successeur de William Branham.

De la même manière que ce n'est pas non plus conforme aux Saintes Ecritures d'avoir un successeur de l'apôtre Pierre. Ce qui est valable pour Pierre est valable pour Paul et est aussi valable pour William Branham car W. Branham a déclaré : « J'ai prêché comme Paul a prêché… ».

William Branham avait un ministère prophétique. C'était un prophète promis pour accomplir une tâche bien précise, nous sommes dans la nouvelle alliance; c'est en effet Christ qui prolonge ses jours, les types sont passés, Christ est déjà venu. Chaque ministère doit s'exercer selon son analogie. William Branham, par le ministère qu'il avait reçu du Seigneur, n'était pas le Christ, mais Christ était en lui parce qu'il était placé dans le corps de Christ. Il a accompli son ministère; il a terminé la tâche que le Seigneur lui avait confiée. Il était le prophète messager pour l'âge de Laodicée. Ce qui devait être révélé pour cet âge (les sept sceaux) a été révélé. Le message a été proclamé. Il a terminé son travail et son Seigneur l'a pris à la maison. Donc l'Eglise n'a pas besoin d'un successeur de William Branham. Le successeur de W. Branham pourquoi faire ?

Y a-t-il quelque chose que William Branham devait faire de la part du Seigneur qu'il n'a pas fait ? Il a fait ce qu'il devait faire.

LA PAROLE DE DIEU A ETE RESTAUREE.

Mais alors frère Léonard LIFESE que faut-il faire ?

La réponse est toujours dans la Bible : « *QUE CELUI QUI A DES OREILLES ENTENDE CE QUE L'ESPRIT DIT AUX EGLISES* **».** Apoc. 3 : 22

Le messager est parti, il a terminé son travail, il a publié son message qu'il avait reçu, maintenant *LE SAINT-ESPRIT CONTINUE SON TRAVAIL*. « *Il vous conduira dans toute la vérité* ».

Le Saint-Esprit continuera de susciter des ministères pour continuer à prêcher le message car c'est Lui qui est l'Auteur. C'est pourquoi, il n'y a pas de ministères de perroquet dans la Bible. Chose pareille n'existe pas, ce sont les hommes qui ont inventé cela. Vous n'avez pas besoin de répéter William

Branham, vous devez avoir le même Esprit qui a conduit William Branham pour prêcher le même message. Ce n'est pas d'un seul homme dont Dieu a besoin aujourd'hui car la Bible dit : *« il a donné les uns comme apôtres, les autres comme prophètes, les autres comme évangélistes, les autres comme pasteurs et docteurs ...»* Eph. 4 : 11

C'est assez étonnant de constater que c'est le Seigneur Lui-même qui donne des dons et des ministères et Il n'a pas donné seulement un seul ministère mais 5 ministères pour le perfectionnement des saints. Comment alors sommes-nous venus à passer de 5 à 1 ?

Je ne sais pas. Pendant longtemps, on est passé du chiffre 5 à 1 et tout le monde a marché avec cela sans se poser la question de savoir : Que disent les Saintes Ecritures ? Une seule personne détenait lui-même tous les 5 ministères. Et aussi longtemps qu'il est vivant, aucun autre ministère ne peut agir et Dieu ne peut rien faire sans d'abord passer par lui. C'est ça le message du temps de la fin, c'est ça la succession de William Branham. C'est tout à fait Rome sous une autre version.

LES CINQ MINISTERES

Lorsque nous lisons dans les Saintes Ecritures, nous constatons que ces ministères viennent du Seigneur Jésus-Christ et sa volonté parfaite est que ces ministères s'exercent pleinement car ils ont été envoyés pour :

« Pour le perfectionnement des saints en vue de l'œuvre du ministère et de l'édification du corps de Christ, jusqu'à ce que nous nous soyons tous parvenus à l'unité de la foi et de la connaissance du Fils de Dieu, à l'état d'homme fait, à la mesure de la stature parfaite de Christ, afin que nous ne soyons plus des enfants, flottants et emportés à tout vent de doctrine, par la tromperie des hommes, par leur ruse dans les moyens de séduction, mais que, professant la vérité dans la charité, nous croissions à tous égards en celui qui est le chef, Christ. C'est de lui, et grâce à tous les liens de son assistance, que tout le corps, bien coordonné et formant un solide assemblage, tire son accroissement selon la force qui convient à chacune de ses parties, et s'édifie lui-même dans la charité ». Eph. 4 : 11-16

Selon les Saintes Ecritures, voici en effet **l'importance de ces 5 ministères** :

Ils viennent du Seigneur, des dons du Seigneur à son Eglise

Ils sont donnés pour le perfectionnement des saints

Pour l'édification du corps de Christ

Amener les saints à l'unité de la foi

Apporter la connaissance du Fils de Dieu (la divinité)

Présenter à Dieu tout homme devenu parfait en Christ

Amener les saints à la stature parfaite de Christ

Affermir les saints dans la vérité

Pour la croissance des saints

La présence de Christ pour un assemblage solide du corps

En réalité, c'est le Seigneur Lui-même qui doit agir et conduire son Eglise. C'est pour cela que Lui-même au travers des dons et ministères, Il continue son œuvre:

« Et voici, je serai avec vous tous les jours jusqu'à la fin de temps. Amen ! » Matth. 28 : 20

« *Le Seigneur travaillait avec eux, et confirmait la parole par les miracles qui l'accompagnaient. Amen !* » Marc 16 : 19-20, « *Car nous sommes ouvriers avec Dieu* ». 1 Cor. 3 : 9

Nous constatons donc avec certitude que c'est le Seigneur qui continue son œuvre car l'œuvre que Lui-même a commencé, il doit l'achever, il ne fait rien à moitié. C'est au travers des ministères qu'Il continue d'œuvrer. Le Seigneur Jésus-Christ œuvre au travers de ces 5 ministères.

C'est pourquoi, pour qu'un homme ait part aux 5 ministères, il faut qu'il ait rencontré lui-même le Seigneur, il faut que le Seigneur l'ait appelé au ministère, il faut que le Seigneur l'ait parlé et enfin il faut qu'il connaisse la teneur de son appel.

Cet homme doit impérativement être baptisé du Saint-Esprit, car il doit œuvrer pour l'édification du corps de Christ, il doit impérativement faire partie de ce corps. Vous ne pouvez pas travailler pour une entreprise dont vous ne faites pas partie. Il faut faire partie de cette entreprise c'est-à-dire être employé au sein de cette société.

Comment pouvez-vous édifier un corps dans lequel vous ne faites pas partie ? Nous pouvons alors comprendre certainement la déclaration du prophète messager de cet âge :

« Personne n'a le droit de monter derrière la chaire pour prêcher la parole de Dieu, s'il n'a pas eu la même expérience que Moïse a eu avec le buisson ardent ».

C'est le Seigneur qui doit agir au travers de ces ministères et pour qu'Il œuvre au travers de ces 5 ministères, il faut qu'il soit dedans. Un ministère est un office que doit remplir un serviteur. Ce serviteur remplit son ministère pour le compte de celui qui l'a mandaté. Comme il s'agit d'un office divin ayant à voir avec le Dieu Très-Haut, alors on dit de celui qui remplit son ministère qu'il est : **Serviteur de Dieu.**

De notre Seigneur Jésus-Christ, il est dit :

« *Ayez en vous les sentiments qui étaient en Jésus-Christ, lequel, existant en forme de Dieu, n'a point regardé comme une proie à arracher d'être égal avec Dieu, mais s'est dépouillé lui-même, en prenant une forme de serviteur ...*». Phil. 2 : 5-7

Dans chaque véritable serviteur de Dieu appelé et mandaté par le Seigneur, c'est **le Seigneur Jésus-Christ Lui-même qui sera manifesté, Lui-même dans ses serviteurs.**

« *J'ai été crucifié avec Christ; et si je vis, ce n'est plus moi qui vis, c'est Christ qui vit en moi* ».

Gal. 2 : 20

Christ dans ses serviteurs. Pour qu'un ministère soit bien rempli, il faut que le Seigneur soit dans son serviteur et avec son serviteur. Comment peut-il être dans son serviteur ?

Par le baptême du Saint-Esprit.

Pourquoi sa présence est-elle nécessaire ?

Parce que le ministère vient de Lui et c'est Lui qui doit opérer dans ce ministère :

« ...*diversité de ministères, mais le même Seigneur; diversité d'opérations, mais le même Dieu qui opère tout en tous* ». 1 Cor. 12 : 5

Pour qu'un ministère s'opère selon les Saintes Ecritures, il faut que le Seigneur Jésus-Christ en prenne totalement le contrôle. Un véritable ministère qui doit opérer pour l'édification du corps de Christ doit être totalement sous le contrôle du Seigneur Jésus-Christ.

Pourquoi ? Parce que c'est Lui qui l'a donné et qui sait comment ce ministère doit opérer.

Nous avons 5 ministères :

Apôtres

Prophètes

Evangélistes

Pasteurs

Docteurs

Le Seigneur Jésus-Christ les connaît très bien car Il les a Lui-même déjà remplis lorsqu'Il était sur la terre dans la forme de « **Serviteur**».

1. Seigneur Jésus-Christ en tant qu'Apôtre

« *C'est pourquoi, frères saints, qui avez part à la vocation céleste, considérez l'__APOTRE__ et le souverain sacrificateur de la foi que nous professons, Jésus-Christ, qui a été fidèle à celui qui l'a établi ...*» Heb. 3 : 1-2

2. Seigneur Jésus-Christ en tant que Prophète

« *Et ils lui répondirent: Ce qui est arrivé au sujet de Jésus de Nazareth, qui était un **PROPHETE PUISSANT** en œuvre et en parole devant Dieu et devant tout le peuple...*» Luc 24 : 19

3. Seigneur Jésus-Christ en tant qu'Evangéliste

« *Jésus parcourait toutes les villes et les villages, enseignant dans les synagogues, prêchant la bonne nouvelle du royaume, et guérissant toute maladie et toute infirmité* ». Matth. 9 : 35

4. Seigneur Jésus-Christ en tant que Pasteur

« *Car vous étiez comme des brebis errantes. Mais maintenant vous êtes retournés vers le **PASTEUR** et le gardien de vos âmes*». 1 Pierre 2 : 25

5. Seigneur Jésus-Christ en tant que Docteur

«... *Rabbi, nous savons que tu es un **DOCTEUR** venu de Dieu; car personne ne peut faire ces miracles que tu fais, si Dieu n'est avec lui* ». Jean 3 : 1-2

Tous les 5 ministères, le Seigneur Jésus-Christ les a déjà remplis et ainsi Il sait comment il faut les remplir. C'est pourquoi aucun ne peut prendre la place de quelqu'un d'autre, ce n'est pas nécessaire. Chacun doit avoir un appel particulier et un ministère particulier et le remplir sous la conduite du Saint-Esprit.

QU'EN EST-IL ALORS DE MATTHIEU CHAP. 24 VERSET 45 à 51?

Donnons-nous seulement la peine de lire les Ecritures :

« *Quel est donc le serviteur fidèle et prudent, que son maître a établi sur ses gens pour leur donner la nourriture au temps convenable ? Heureux ce serviteur, que son maître, à son arrivée, trouvera faisant ainsi ! Je vous le dis en vérité, il l'établira sur tous ses biens. Mais si, c'est un méchant serviteur, qui dise en lui-même : Mon maître tarde à venir, s'il se met à battre ses compagnons, s'il mange et boit avec les ivrognes, le maître de ce serviteur viendra le jour où il ne s'y attend pas et à l'heure qu'il ne connaît pas, il le mettra en pièces, et lui donnera sa part avec les hypocrites : c'est là qu'il y aura des pleurs et des grincements de dents* ».

Nous savons que la Parole de Dieu s'interprète elle-même. Laissons-la alors elle-même nous donner la lumière à ce sujet. Si l'église catholique est arrivée au stade où elle est aujourd'hui, c'est à cause de l'interprétation particulière d'une écriture. Le comble, c'est toujours dans l'évangile de Matthieu.

Hier, c'était Matthieu 16 au sujet de « *Clés du royaume* ».

Que n'avons-nous pas dit à ce sujet en rapport avec ce que les catholiques en avaient fait ?

Et aujourd'hui, c'est Matthieu 24 : 45-51.

Comme les Saintes Ecritures s'expliquent elles-mêmes, laissons-les s'expliquer :

« Pierre lui dit : Seigneur, est-ce à nous, ou à tous, que tu adresses cette parabole ? Et le Seigneur dit : Quel est donc l'économe fidèle et prudent que le maître établira sur ses gens, pour leur donner la nourriture au temps convenable ? Heureux ce serviteur, que son maître, à son arrivée, trouvera faisant ainsi ! Je vous le dis en vérité, il l'établira sur tous ses biens. Mais si ce serviteur dit en lui-même : Mon maître tarde à venir; s'il se met à battre les serviteurs et les servantes, à manger et à boire, et à s'enivrer, le maître de ce serviteur viendra le jour où il ne s'y attend pas et à l'heure qu'il ne connaît pas, il le mettra en pièces, et lui donnera sa part avec les infidèles. Le serviteur qui, ayant connu la volonté de son maître, n'a rien préparé et n'a pas agi selon sa volonté, sera battu d'un grand nombre de coups.

Mais celui qui, ne l'ayant pas connue, a fait des choses dignes de châtiment, sera battu de peu de coups. On demandera beaucoup à qui l'on a beaucoup donné, et on exigera davantage de celui à qui l'on a beaucoup confié ». Luc 12 : 41-48

Il est absolument important que l'on sache que Matthieu 24 : 45-51 EST UNE PARABOLE. Une parabole est une façon imagée de parler de quelque chose. C'est aussi une façon d'exprimer une globalité de façon restreinte. Depuis plusieurs années, il a été donné l'interprétation de cette parabole de façon erronée telle qu'il a été dit :

« Il y a un serviteur fidèle et prudent que le Seigneur a établi sur d'autres serviteurs pour leur donner la nourriture etc. »

C'est en effet ce qui a été donné comme explication et qui est cru jusqu'à ce jour. En fait, c'est un peu comme l'interprétation des « **clés de Pierre** ».

Mais qu'en est-il réellement ?

Le Seigneur aurait-Il établi un serviteur sur d'autres serviteurs ? D'après l'interprétation qui en ressort, il s'agit bien d'un serviteur qui est établi sur des prédicateurs, en d'autres termes le Chef des prédicateurs.

Personne ne peut me dire que c'est faux car si quelqu'un a été établi sur des prédicateurs, il doit être le chef des prédicateurs; tous les prédicateurs doivent lui être soumis.

Toujours dans la même lancée, il est aussi dit que c'est lui, donc le chef des prédicateurs, qui dispose de la nourriture et qu'il est le seul que Dieu a établi pour la distribuer. Donc, tous les prédicateurs doivent recevoir la nourriture auprès de lui et la donner aux autres en d'autres termes; les prédicateurs ne peuvent prêcher que ce que le serviteur fidèle prêche. Il est le seul qui doit donner le sens aux Saintes Ecritures. Tout prédicateur doit obligatoirement être en contact avec lui et écouter toutes ses prédications. Lorsque lui il prêche, toutes les églises doivent fermer leur portes et amener les brebis dans son quartier général. Si la distance est longue, il faut absolument se connecter pour écouter ce jour-là Dieu parler. Le prédicateur qui aurait le malheur de ne pas se présenter au quartier général pour témoigner de sa soumission, il est considéré comme un rebelle, un paria en dehors de la volonté de Dieu.

Nous devons reconnaître que dans l'Eglise du nouveau testament, le Seigneur notre Dieu n'a jamais établi un homme au-dessus des autres prédicateurs.

La déclaration telle que le serviteur fidèle et prudent, dont on parle dans Matthieu et dans Luc, serait établi sur des prédicateurs est **ANTI-BIBLIQUE**.

C'est également **ANTI-BIBLIQUE** de dire que tous les prédicateurs doivent recevoir de lui la Parole qu'ils doivent aller prêcher.

Nous l'avons vu dans les Saintes Ecritures, les ministères viennent du Seigneur et non d'un homme. C'est le Seigneur qui opère dans le ministère et ces ministères sont placés dans le corps de Christ pour son édification. La condition que doit remplir un serviteur de Dieu est d'abord d'être appelé par Dieu et ensuite d'être rempli du Saint-Esprit.

Le Seigneur dit : « *Il est avantageux que je m'en aille car si je ne m'en vais pas le consolateur ne viendra pas vers vous; mais si je m'en vais, je vous l'enverrai…*

Quand le consolateur sera venu, l'Esprit de vérité, il vous conduira dans toute la vérité...» Jean 16: 7-13

Mais le consolateur, l'Esprit-Saint, que le Père enverra en mon Nom, **VOUS ENSEIGNERA TOUTES CHOSES**, *vous rappellera tout ce que je vous ai dit».* Jean 14 : 26

Ce n'était pas un serviteur fidèle et prudent qui était promis aux prédicateurs afin de les enseigner la parole qu'ils doivent prêcher. Non ! C'est le Saint-Esprit qui était promis.

Le Saint-Esprit, c'est le Seigneur Jésus-Christ Lui-même.

Le Seigneur a dit : «*Le Saint-Esprit vous enseignera toutes choses* ».

Et nous sommes sensés savoir que sans le Saint-Esprit aucun homme ne peut apporter la Parole de Dieu.

« *Comme Il se trouvait avec eux, Il leur recommanda de ne pas s'éloigner de Jérusalem, mais d'attendre ce que le Père avait promis, ce que je vous ai annoncé leur dit-il; car Jean a baptisé d'eau, mais vous, dans peu de jours, vous serez baptisés* **DU SAINT-ESPRIT**. *Alors les apôtres réunis lui demandèrent : Seigneur, est-ce en ce temps que tu rétabliras le royaume d'Israël ? Il leur répondit : Ce n'est pas à vous de connaître les temps ou les moments que le Père a fixés de sa propre autorité. Mais vous recevrez une puissance, le Saint-Esprit survenant sur vous, et vous serez mes témoins à Jérusalem, dans toute la Judée, dans la Samarie, et jusqu'aux extrémités de la terre ».* Actes 1 : 4-8

Maintenant, avec l'interprétation qui nous a été donnée du serviteur fidèle et prudent, nous devons changer alors la Parole de Dieu en ceci : « **Mais quand le serviteur fidèle et prudent viendra, il vous enseignera toutes choses … Ne vous éloigner pas de Jérusalem mais attendez le serviteur fidèle et prudent qui vous dira ce que vous devez enseigner …»**

N'est-ce pas que c'est horrible de dire les choses comme cela ? C'est horrible ! Mais en réalité, ce sont là les enseignements qui nous ont été donnés à propos de cette parabole de Matthieu 24 et de Luc 12.

- Si tous les prédicateurs doivent recevoir de lui la Parole pour qu'ils aillent prêcher cette Parole, alors, **IL A PRIS LA PLACE DU SAINT-ESPRIT.**

- Si c'est lui qui doit dire aux prédicateurs ce qu'ils doivent faire, alors, **IL A PRIS LA PLACE DU SAINT-ESPRIT.**

- Si tous les prédicateurs ne doivent écouter que lui, **alors, IL A PRIS LA PLACE DU SAINT-ESPRIT.**

Ce serviteur fidèle et prudent est alors **LA TETE DE L'EGLISE.**

POURQUOI SERAIT-IL LA TETE DE L'EGLISE ?

Parce que :

C'est de sa bouche que tous les prédicateurs doivent recevoir la Parole qu'ils doivent ensuite prêcher au peuple de Dieu. Or, nous savons que c'est **LE SAINT-ESPRIT QUI DOIT ENSEIGNER.**

Tous les prédicateurs doivent se soumettre à lui et le peuple doit marcher au rythme de ses enseignements. Or, nous savons que tous ceux qui sont conduits par l'Esprit de Dieu sont fils de Dieu. Mais ici, c'est le serviteur fidèle et prudent qui conduit.

La seule bouche par laquelle le peuple doit entendre la vérité.

Tout le peuple de Dieu est sous la conduite du seul serviteur fidèle et prudent. Il est alors la tête. S'il est la tête, il est alors la tête du corps de Christ. Vous direz: frère, vous allez trop loin. Je ne vais pas du tout loin, c'est la vérité.

N'avez-vous jamais pensé que les prédicateurs (5 ministères) ne sont soumis qu'à une seule tête c'est-à-dire **LE SEIGNEUR JESUS-CHRIST** ? C'est Lui qui doit les conduire. Chaque prédicateur doit être sous la conduite et le contrôle du Saint-Esprit. Le Saint-Esprit c'est le Seigneur Jésus-Christ.

Si un prédicateur pouvait revendiquer d'être le chef des autres prédicateurs, ce serait **l'apôtre Pierre car c'est à lui que le Seigneur avait donné les Clés du royaume des cieux.**

Pensez-y bien-aimés en Christ ! Cet homme Pierre pouvait se tenir debout et dire aux autres apôtres : Moi Pierre, j'ai reçu les clés du royaume des cieux, je suis donc votre chef, vous devez m'écouter. Saviez-vous que le Seigneur a dit à Pierre :

« *Ce que tu lieras sur la terre sera lié dans les cieux…*» ?

Quelle autorité donnée à un homme ! Mais qu'a fait Pierre ? S'est-il placé comme chef des apôtres ? Loin de là ! Il n'avait pas cet esprit démoniaque-là, car se placer au-dessus des autres et penser être le chef des prédicateurs et leur dire ce qu'ils doivent faire, c'est prendre la place de Dieu.

Voilà où l'interprétation de Matthieu 24 : 45-51 a mené les hommes. Aujourd'hui, l'homme est adoré dans le cœur des hommes plus que le Seigneur Jésus-Christ.

Saviez-vous que vous pouvez parler du mal du Seigneur Jésus et les prédicateurs ne vous diront rien, mais parler du serviteur fidèle et prudent, vous allez voir la réaction de tous les fanatiques. Ils ont rejeté le Seigneur Jésus-Christ, ils l'ont remplacé par un homme portant le titre de serviteur fidèle et prudent. Il est devenu plus que le Seigneur Jésus-Christ. Cet homme peut même changer le sens de la Parole de Dieu à sa guise. Ils diront amen !

Nous avons été très loin. L'homme (serviteur fidèle et prudent) a été placé au-dessus de la Bible. Ce qu'il dit, c'est l'absolu.

Tout véritable serviteur de Dieu a besoin du Saint-Esprit pour le conduire et il doit être enseigné par le Saint-Esprit car c'est le Saint-Esprit le véritable prédicateur.

« *Car ce n'est pas par une volonté d'homme qu'une prophétie a jamais été apportée, mais* ***C'EST POUSSE PAR LE SAINT-ESPRIT QUE DES HOMMES SAINTS ONT PARLE DE LA PART DE DIEU* ».** 2 Pierre 1 : 21

Il n'y a pas de soumission dans les ministères (5 ministères) **mais bien la collaboration et la complémentarité. Le Seigneur n'a pas établi un prédicateur au-dessus des autres prédicateurs. Il n'y a qu'un seul Chef au-dessus des prédicateurs, c'est celui qui les a appelés :**

« *C'est pourquoi moi aussi, ayant entendu parler de votre foi au Seigneur Jésus et de votre charité pour tous les saints, je ne cesse de rendre grâce pour vous, faisant mention de vous dans mes prières, afin que le Dieu de notre Seigneur Jésus-Christ, le Père de gloire, vous donne un esprit de sagesse et de révélation, dans sa connaissance, et qu'il illumine les yeux de votre cœur, pour que vous sachiez quelle est l'espérance qui s'attache à son appel, quelle est la richesse de la gloire de son héritage qu'il réserve aux saints, et quelle est envers nous qui croyons l'infinie grandeur de sa puissance, se manifestant avec efficacité par la vertu de sa force. Il l'a déployée en Christ, en le ressuscitant des morts, et en le faisant asseoir à sa droite dans les lieux célestes, au-dessus de toute domination, de toute autorité, de toute puissance, de toute dignité, et de tout nom qui se peut nommer, non seulement dans le siècle présent, mais encore dans le siècle à venir. Il a tout mis sous ses pieds,* **<u>et il l'a donné pour chef suprême à l'Église, qui est son corps, la plénitude de celui qui remplit tout en tous</u>** ».

Eph. 1 : 15-23

Les prédicateurs ont vendu leur droit d'ainesse. Ce que les prédicateurs n'ont pas réalisé, ce qu'ils ne sont plus sous la conduite du Seigneur Jésus-Christ, ils sont sous la conduite et la domination de l'homme.

Selon les Saintes Ecritures, chaque ministère est indépendant mais dépendant du Seigneur.

« Je vous déclare, frères, que l'Evangile qui a été annoncé par moi n'est pas de l'homme; car je ne l'ai reçu ni appris d'un homme, mais par une révélation de Jésus-Christ ... Mais lorsqu'il plut à celui qui m'avait mis à part dès le sein de ma mère, et qui m'a appelé par sa grâce, de révéler en moi son Fils, afin que je l'annonçasse parmi les païens, aussitôt, je ne consultais ni la chair ni le sang, et je ne montais point à Jérusalem vers ceux qui furent apôtres avant, mais je partis pour l'Arabie. Puis, je revins encore à Damas ». Galates 1 : 11-17

Je pense que l'apôtre Paul savait, connaissait le témoignage de Pierre à propos des clefs du royaume. Pourquoi n'est-il pas alors monté pour aller voir Pierre afin d'avoir des instructions auprès de lui ? Pierre devait lui donner la Parole qu'il devait aller prêcher aux autres. Bien-aimés en Christ, vous pouvez remarquer que cela n'est pas biblique. L'apôtre Paul avait été appelé par le Seigneur et Pierre n'avait pas à lui donner des instructions pour son ministère car il n'avait rien à voir avec l'appel de Paul. Pierre devait s'occuper de son appel. Paul savait qu'il était appelé par le Seigneur et il dépendait du Seigneur. Le Seigneur qui l'a appelé, devait Lui-même lui donner la Parole qu'il devait prêcher et pas Pierre. Pourquoi alors aujourd'hui les prédicateurs doivent recevoir la Parole de la bouche du serviteur fidèle, comme ils le disent, afin qu'ils aillent la prêcher aux autres ?

Il y a certainement quelque chose qui ne va pas quelque part.

Ci-dessous l'extrait de la prédication : « Christ est la révélation du mystère de Dieu » W. Branham.

«Lui, la Tête, est le premier des fruits de la résurrection. (Nous allons encore examiner cette révélation un petit moment, si vous êtes d'accord... Bien! — encore un petit moment). Il est les prémices de la résurrection. N'est-ce pas vrai? Alors, qu'est-Il? — Il est la Tête du Corps qui est Son Eglise, l'Epouse. Alors, le Corps-épouse doit suivre la Tête, car il a part à Sa résurrection et au mystère. Il lui est impossible de ne pas La suivre. Oh, mon Dieu!... C'est une partie du mystère de Dieu. Comme Dieu s'est révélé et L'a ressuscité par la Parole, de même, Il apporte la révélation à l'Eglise et la ressuscite par la même Parole. Cela, c'est une des parties de Son triple mystère.

De même que la Tête fut retirée du tombeau, ainsi le Corps doit-il Le suivre pour retourner au jardin d'Eden. Le Chef, la Tête de la famille, l'Homme, l'Epoux… l'Epouse étant le Corps de l'Epoux, doit suivre, parce qu'Il est la Tête, et la Tête s'est révélée, et est revenue avec la Vie Eternelle. Et le Corps doit Le suivre, parce qu'ils sont de nouveaux Epoux et Epouse. Amen! Et aussi longtemps que vous êtes fécondés par la Parole (qui est Son Corps), vous avez pris Son Corps, vous êtes venus en Lui quand vous avez accepté la Parole — non pas un credo: la Parole… (oh, mon Dieu! ne serait-ce pas un bon sujet pour la prédication de cet après-midi? Ne serait-ce pas merveilleux? Pensez à tout ce que cela représente!). **Par conséquent, le Corps ne peut pas reconnaître (soyez bien attentifs) d'autre tête que la Parole, parce que la Tête est reliée au Corps. Et la Tête est la Parole. Elle est la même Parole — une seule Tête, un seul Chef.** Par conséquent, pour le Corps, les dénominations, saints pères et autres, sont choses mortes. Il y a une Tête, c'est Christ. Le Corps ne reconnaît qu'une seule chose: la Parole.

Alors, montrez-moi quelqu'un qui ait été baptisé dans le Corps au Nom du Père, du Fils et du Saint-Esprit? Et qu'avez-vous reconnu? Vous voyez, je suis bien conscient de ce que je parle à des milliers de personnes qui écouteront ces bandes. Nous avons un ministère d'évangélisation par les bandes magnétiques dans le monde entier. En quel nom êtes-vous baptisé? — Car aucun autre nom de nous a été donné sous les Cieux (dit la Parole) par lequel nous puissions être sauvés. Et si vous avez été baptisé pour manifester votre foi en Christ et qu'ensuite vous preniez un nom venant d'un credo, alors, vous êtes un hybride.

Si vous n'êtes pas exactement semblable à cette église, et exactement conforme à son enseignement, alors, vous autres Catholiques, comment pouvez-vous accepter la juridiction d'un pape, disant qu'il est le successeur apostolique de Pierre? Et ce pape, et cette église enseignent des choses tellement contraires à la Parole originale que Dieu confirma par des signes et des miracles à Son Eglise… voir cette Parole Elle-même apportée dans toute Sa pureté, manifestant la même résurrection que la première… Dieu vivant parmi Son peuple et accomplissant les mêmes choses — alors comment pouvez-vous reconnaître à Rome la direction de tout cela? Notre Chef, notre Tête se trouve dans le Ciel! Je n'irai pas à Rome. Lorsque je mourrai, j'irai au Ciel. Vous comprenez? La Tête se trouve dans le Ciel!»

[Fin de citation.]

QUE COMPRENONS-NOUS ALORS DANS MATTHIEU 24 : 45-51?

Du singulier sort le pluriel.

A. Tout véritable serviteur de Dieu est appelé à être **Fidèle.**

*«Ainsi, qu'on nous regarde comme des <u>serviteurs</u> de Christ, et des dispensateurs des mystères de Dieu. Du reste, ce qu'on demande des dispensateurs, ce que <u>chacun</u> soit trouvé **<u>FIDELE</u> ».*** 1 Cor. 4 : 1-2

La lumière en rapport avec Matthieu 24 : 45-51 nous est donnée au chapitre 25.

« Il en sera comme d'un homme qui, partant pour un voyage, appela <u>ses serviteurs</u>, et leur remit ses biens. Il donna cinq talents à l'un, deux à l'autre, et un au troisième, à chacun selon sa capacité, et il partit. Aussitôt celui qui avait reçu les cinq talents s'en alla, les fit valoir, et il gagna cinq autres talents. De même, celui qui avait reçu les deux talents en gagna deux autres. Celui qui n'en avait reçu qu'un alla faire un creux dans la terre, et cacha l'argent de son maître. Longtemps après, le maître de ces serviteurs revint, et leur fit rendre compte.

*Celui qui avait reçu les cinq talents s'approcha, en apportant cinq autres talents, et dit : Seigneur, tu m'as remis cinq talents; voici, j'en ai gagné cinq autres. Son maître lui dit: c'est bien bon et **<u>FIDELE SERVITEUR.</u>** Tu as été fidèle en peu de chose, je te confierai beaucoup; entre dans la joie de ton maître.*

Celui qui avait reçu les deux talents s'approcha aussi, et il dit : Seigneur, tu m'as remis deux talents; voici, j'en ai gagné deux autres.

*Son maître lui dit : C'est bien, bon et **<u>FIDELE SERVITEUR.</u>** Tu as été fidèle en peu de chose, je te confierai beaucoup; entre dans la joie de ton maître. Celui qui n'avait reçu qu'un talent s'approcha ensuite, et il dit : Seigneur, je savais que tu es un homme dur, qui moissonnes où tu n'as pas semé, et qui amasse où tu n'as pas vanné; j'ai eu peur, et je suis allé cacher ton talent dans la terre; voici, prends ce qui est à toi.*

Son maître lui répondit : <u>Serviteur méchant</u> et paresseux, tu savais que je moissonne ou je n'ai pas semé, et que j'amasse où je n'ai pas vanné; il te fallait donc remettre mon argent aux banquiers, et, à mon retour, j'aurais retiré ce qui est à moi avec un intérêt. Otez-lui donc le talent et donnez-le à celui qui a les dix talents. Car on donnera à celui qui a, et il sera dans l'abondance, mais à celui qui n'a pas on ôtera *même ce qu'il a. Et le serviteur inutile, <u>jetez-le dans les ténèbres du dehors, où il y aura des pleurs et des grincements de dents</u>* ». Matth. 25 : 14-30

Vous remarquerez que dans ce chapitre 25 les termes **suivants** reviennent :

Serviteur Fidèle
Serviteur Méchant
Des pleurs et des grincements des dents

Ce sont les mêmes termes qui sont utilisés dans le chapitre 24 verset 45 à 51, mais avec une particularité dans le chapitre 24. Ce que dans le chapitre 24, le **Serviteur fidèle** devient **le Serviteur méchant. Ce ne sont pas 2 personnes différentes, c'est absolument le même serviteur fidèle qui devient le serviteur méchant parce qu'il a attrapé un mauvais esprit.**

« *Quel est donc l'économe fidèle et prudent que le maître établira sur ses gens, pour leur donner la nourriture au temps convenable ? Heureux ce serviteur, que son maître, à son arrivée, trouvera faisant ainsi ! Je vous le dis en vérité, il l'établira sur tous ses biens. Mais <u>si ce serviteur</u>* (le serviteur fidèle, pas un autre serviteur) *dit en lui-même : Mon maître tarde à venir; s'il se met à battre les serviteurs et les servantes, à manger, à boire et à s'enivrer ...*» Luc 12 : 41-46

Les Saintes Ecritures s'expliquent par elles-mêmes. Qui peut changer la Parole de Dieu ?

B. Tout véritable serviteur de Dieu est appelé à être **Prudent.**

« *Voici, je vous envoie comme des brebis au milieu des loups. Soyez **<u>PRUDENTS</u>** comme les serpents, et simples comme les colombes* ».

Math. 10 : 16

Maintenant, si un bien-aimé frère dit que le Seigneur lui a parlé et lui a dit qu'il était appelé selon Math. 24 : 45-51, je ne peux pas douter de cela. Car cette Ecriture concerne les hommes qui servent Dieu. Ce que nous constatons aussi dans cette Ecriture, c'est la question de la ***nourriture au temps convenable.***

Selon l'interprétation qui est donnée, on déclare que seul le serviteur fidèle a reçu le mandat de distribuer la nourriture. Je dis Amen ! Car pour distribuer la nourriture, il faut être un serviteur fidèle. Tout serviteur de Dieu est appelé à être fidèle, donc cela ne pose pas de problème. Il ne s'agit pas uniquement d'un seul homme mais bien du serviteur fidèle. Ce qui veut dire que tout véritable serviteur de Dieu doit être fidèle et prudent. Les 5 ministères sont donc appelés à distribuer la nourriture.

Même l'emmagasinage de la nourriture spirituelle ne s'adresse pas uniquement à un seul homme, mais à tout véritable serviteur de Dieu. Mais frère Léonard tu exagères ! Nous savons que le Seigneur a parlé à un seul homme d'emmagasiner la nourriture. Dites-moi quel est cet homme ? Je veux que vous soyez dans la paix, je ne suis pas la personne qui nie les témoignages des autres, mais je veux que nous considérons les choses de Dieu dans son ensemble.

Ci-dessous l'extrait de la prédication : « La plus grande bataille jamais livrée ». W. Branham

«Et, l'autre nuit, j'ai rêvé que "Six-Secondes" Smith… (Vous savez, ce n'était pas une vision, c'en était qu'un rêve)… J'ai rêvé qu'il y avait des jeunes gens qui venaient se battre avec lui. Et lui était un homme de… voyons… j'ai cinquante-deux ans… il doit avoir environ cinquante-huit ans. Mais aucun de ces jeunes gens ne pouvait lui faire le moindre mal. Il vous les attrapait, en faisant une sorte de noeud, et les déposait sur le sol, en les y maintenant d'une seule main. Moi, je pensai: «C'est étrange…». Dans mon rêve, ma femme était avec moi, et je lui dis: «C'est étrange… Tu sais, Meda, cet homme; c'était mon entraîneur!».

Elle me répondit: «Je me souviens que tu m'en as parlé».

Je lui dis: «Parfaitement! Il m'a bien entraîné, ce qui m'a permis de gagner quinze combats professionnels. C'est pour prêcher l'Evangile que j'ai quitté ce métier».

Soudain, la scène changea, et je me trouvai au bord d'une rivière, m'apprêtant à la traverser. En ce faisant, je m'approchai d'un bateau à moteur. Je regardai au-delà du bateau, et je vis deux de mes frères assis dans un petit canot, se préparant à m'accompagner. Je leur dis: «Vous ne pouvez pas faire cela, frères. Il faut que j'aille tout seul».

Le gardien s'approcha, et me dit: «Voici le bateau qu'il vous faut!». Et il me montra un beau canot blanc en plastique.

Je lui dis: «Non merci, celui-là ne convient pas!».

Il me dit: «Mais, avec ce canot, vous pourrez remonter la rivière à une vitesse de soixante kilomètres à l'heure!».

Je précisai alors: «Mais, moi, ce que je dois faire, c'est d'aller *là-bas,* de traverser cette rivière!». Vous comprenez?

Il me dit encore: «Allez donc avec ces deux frères!».

— «Mais, dis-je, ce ne sont pas de bons bateliers; ils n'ont pas de connaissances suffisantes dans ce domaine; ils se laissent entraîner par leur enthousiasme. Ils ne peuvent pas faire cela! S'ils y allaient, ils se noieraient! Ils ne peuvent tout simplement pas!».

Le gardien me dit encore: «Vous ne voulez pas faire confiance?...».

Je lui dis: «Ecoutez bien ceci: Je connais mieux les bateaux qu'eux, et je ne voudrais jamais me lancer dans une telle traversée dans un aussi petit bateau. Il faut quelque chose de plus grand».

Alors, le gardien revint vers moi, et me dit: «Je vais te dire ce que tu dois faire. Ces frères t'aiment; ils croient en toi. Mais si tu essaies de faire cette traversée dans le bateau à moteur, ils essaieront de te suivre dans leur canot, et mourront tous deux. Ils ne peuvent te suivre».

Je demandai alors: «Que dois-je faire?».

Et ce gardien me répondit: **«Retourne là-bas. Dans toute cette région, il n'y a qu'un seul petit hangar; il n'y en a qu'un seul. Vas-y, et remplis-le de provisions. Ces frères resteront là pendant que tu es au loin. Mais il faut que tu y déposes des provisions»**.

Alors, je me mis à commander toutes sortes de choux, de navets, de radis, toutes sortes de choses que je me mis à entasser dans ce hangar. Puis je me réveillai. Je ne savais pas sur le moment ce que cela signifiait, mais je le sais maintenant. Vous comprenez? Maintenant, chers amis, nous emmagasinons de la nourriture. Nous vivons une vie où il faut marcher seul.

Leo, vous vous rappelez, la première fois que vous êtes venu ici, ce rêve que vous avez fait au sujet de la pyramide... vous pensiez pouvoir y monter... mais je vous avais dit: «Leo, aucun homme ne peut aller là-haut de lui-même; c'est Dieu qui doit l'y placer. Vous avez escaladé tous les royaumes de la terre qui pouvaient être escaladés, mais vous ne pouvez pas venir jusqu'ici, Leo. Redescendez, et dites aux gens que cela vient de Dieu. C'est quelque chose que vous ne pouvez pas en comptant sur...».

Ce sont tous mes frères et mes sœurs, et mon église, et tout... et toutes les autres églises, et les frères dans le monde entier...

Je ne peux pas rester éloigné de l'Eglise dispersée dans le monde. Quelqu'un m'a demandé: «Pourquoi allez-vous chez ces gens, ces trinitaires, ces *ceci,* ces *cela,* ces Unitariens, ces gens du Nom de Jésus, et tous les autres Pourquoi vous mêlez-vous à eux?». C'est parce qu'ils sont des miens! Quoi qu'ils aient pu faire, ils sont des miens! Ils sont mon assemblée.

Lorsqu'Israël fit le mal, Dieu finit par dire à Moïse: "Eloigne-toi d'eux; Je ferai de toi une nouvelle tribu!". Mais Moïse s'interposa, et dit: "Si Tu détruis Ton peuple, détruis-moi avec!".

Peu importait ce que le peuple avait fait, c'était le peuple vers qui Moïse avait été envoyé. S'Il envoie une Lumière, ce n'est pas pour qu'elle brille là où il y a la Lumière, mais là où il y a les ténèbres. C'est là qu'elle doit être. Il faut continuer à marcher à la tête du peuple; il faut rester avec eux, quelles que soient les conditions.

Le mal… Israël faisait le mal de toutes les manières possibles. Ils faisaient le mal, au point que Dieu voulait les abandonner, mais Moïse… Je m'étais toujours demandé ce qui l'avait poussé à agir ainsi, mais vous comprenez, c'était l'Esprit de Christ qui agissait en Moïse. Nous sommes tous dans l'erreur. Mais, lorsque nous étions dans l'erreur, et que nous faisions le mal, Il a pris notre défense.

Quel que soit le mal dans lequel les gens se trouvent, ne les rejetons pas! Ne refusons pas de leur parler! Si nous pouvons gagner une âme, soyons "prudents comme le serpent, et doux comme la colombe!", et essayons de gagner toutes les âmes que nous pouvons.

« Et, ce matin, je veux vous dire ceci: emmagasinez des provisions, emmagasinez de la nourriture afin que vous ayez quelque chose à manger, et de quoi vous réjouir. Installez des chambres froides pour la nourriture! Emmagasinez-la sur vos bandes magnétiques! Peut-être que je vais rester loin de vous pendant longtemps! Mais, quand je serai absent, rappelez-vous que tout ce que je vous ai dit est la vérité. Asseyez-vous dans le calme de votre chambre, et écoutez! Vous comprenez? Cela, c'est la nourriture; elle est emmagasinée dans la réserve. Je ne sais pas où mes voyages me conduiront, mais où que j'aille, Lui sait où Il me conduit; moi, je ne le sais pas. Je ne fais que suivre Ses ordres.» [Fin de citation.]

Ci-dessous l'extrait de la prédication : « Christ est le mystère de Dieu révélé ». W. Branham

« Et maintenant, comme je vais devoir quitter cette église pour parcourir le monde, je Te les confie, Seigneur, car je les aime de tout mon cœur. Ce sont ceux que Tu as engendrés par l'Esprit et la Parole de Vérité, et je prie pour que Tu les bénisses, Seigneur; garde-les liés étroitement ensemble par les liens de l'amour de Christ.

Bénis notre pasteur bien-aimé, notre berger. Nous Te prions pour que Tu l'oignes du Saint-Esprit de Ta Parole, et que Tu lui donnes la révélation, afin qu'il puisse apporter la nourriture à Ton troupeau.

Il n'y a pas longtemps de cela, Tu nous as montré la vision de ce petit tabernacle… il fallait emmagasiner la nourriture, parce que les temps viendraient où cette nourriture serait nécessaire. Les frères Sothmann et Woods étaient prêts à s'en aller dans d'autres pays, vers … mais Tu dis alors: «Pour le moment, amasse cette nourriture». Seigneur, c'est ce que j'ai essayé de faire.» [Fin de citation.]

Ci-dessous l'extrait de la prédication : « Se ranger du côté de Jésus ». W. Branham

« 11 Puisse chaque prédicateur, chaque serviteur que Tu as à travers le monde aujourd'hui, et qui célèbre ce grand mémorial, puissent-ils avoir l'onction, la force et la puissance pour apporter à leurs assemblées (les brebis qui sont en attente) la Nourriture que Dieu a en réserve pour Son peuple. Accorde-le, Seigneur. Nous attendons humblement notre portion, au Nom du Seigneur Jésus-Christ. Amen.»

« 104 Eh bien, Un Message que je vous ai prêché à vous tous ici...

Regardez, je vous prêchais un Message de six heures. Eh bien, si je devais utiliser un de ces Messages, je prendrais une semaine pour prendre juste un tout petit peu ici et un tout petit peu là (voyez-vous?) parce que Cela a été emmagasiné ici.

105 Ça se trouve sur des bandes; cela ira sur bandes dans le monde entier où les gens, dans leurs maisons... Ces bandes tomberont juste entre les mains des prédestinés de Dieu. Il peut diriger la Parole, Il dirigera chaque chose exactement selon sa destination. C'est la raison pour laquelle Il m'a

renvoyé pour faire ceci: «EMMAGASINE LA NOURRITURE ICI».

Il m'a interdit d'aller outre-mer.»

« 103 Vous vous rappelez ce qu'était ce songe dont j'ai eu l'interprétation:«Retourne et emmagasine la nourriture.» OÙ ÉTAIT L'ENTREPÔT? C'est CE TABERNACLE. Où y a-t-il quelque chose de ce genre ici dans le pays, où n'importe où ailleurs, qui serait comparable au Message que nous avons? (Maintenant, bien sûr, nos petits frères ici qui sont partout ici, ces autres petites églises, c'est nous. Nous sommes un). Où iriez-vous pour - pour trouver cela. Montrez quelque part ce qu'on pourrait comparer à Cela. Si vous embrassez les credo dénominationnels, vous allez carrément vous éloigner du Nom du Seigneur Jésus, vous allez carrément vous éloigner de ces autres choses. Voyez-vous? ET C'EST ICI QUE LA NOURRITURE À ÉTÉ EMMAGASINÉE.» [Fin de citation.]

Nous remarquons selon le prophète de cet âge William Branham, la nourriture spirituelle se trouve sur les bandes magnétiques. Ce sont les prédications de William Branham, le message qui lui a été donné par le Seigneur. C'est très clair que c'est à lui que le Seigneur avait donné l'ordre d'emmagasiner la nourriture. Et il nous dit clairement où cette nourriture a été emmagasinée, c'est au Branham Tabernacle.

Qui d'autres devaient emmagasiner de la nourriture?
Les prédicateurs et le peuple de Dieu.

Pour les prédicateurs, il dit :

«11 Puisse chaque prédicateur, chaque serviteur que Tu as à travers le monde aujourd'hui, et qui célèbre ce grand mémorial, puissent-ils avoir l'onction, la force et la puissance pour apporter à leurs assemblées (les brebis qui sont en attente) la Nourriture que Dieu a en réserve pour Son peuple. Accorde-le, Seigneur. Nous attendons humblement notre portion, au Nom du Seigneur Jésus-Christ. Amen !

Extrait de la prédication : « Se ranger du côté de Jésus ». W. Branham. [Fin de citation.]

Pour le peuple de Dieu, il dit :

«Et, ce matin, je veux vous dire ceci: emmagasinez des provisions, emmagasinez de la nourriture afin que vous ayez quelque chose à manger, et de quoi vous réjouir. Installez des chambres froides pour la nourriture! Emmagasinez-la sur vos bandes magnétiques! Peut-être que je vais rester loin de vous pendant longtemps! Mais, quand je serai absent, rappelez-vous que tout ce que je vous ai dit est la vérité. Asseyez-vous dans le calme de votre chambre, et écoutez! Vous comprenez? Cela, c'est la nourriture; elle est emmagasinée dans la réserve. Je ne sais pas où mes voyages me conduiront, mais où que j'aille, Lui sait où Il me conduit; moi, je ne le sais pas. Je ne fais que suivre Ses ordres.»

Extrait de la prédication « La plus grande bataille jamais livrée ». W. Branham. [Fin de citation.]

Nous sommes tous les croyants du message du temps du soir. C'est très clair et conforme aux Saintes Ecritures. Maintenant, si un bien-aimé frère dit : « **Le Seigneur m'a dit d'emmagasiner de la nourriture** ». Je dirai, Amen ! Car c'est conforme, chaque serviteur de Dieu doit emmagasiner de la nourriture et aussi chaque enfant de Dieu. Il n'y a donc pas de problème à ce sujet. Mais maintenant, si on vient à dire qu'il est le seul à le faire, je dirai que cela est faux. Parce que le Seigneur a parlé à son prophète en lui commandant **d'emmagasiner de la nourriture. C'est le prophète qui possédait cette nourriture et auquel le Seigneur a dit d'emmagasiner. S'il ne l'avait pas emmagasiné, nous ne l'aurions pas reçu. Le seul lieu où cette nourriture spirituelle était emmagasinée était le BRANHAM TABERNACLE. C'est au Branham Tabernacle que tous les autres devaient alors puiser pour distribuer.**

Nous remarquons aussi que la nourriture qui doit être distribuée, ce sont les prédications de W. Branham qui sont sur des bandes magnétiques. Ce sont ces prédications qu'il faut mettre à la disposition du peuple de Dieu.

Chaque serviteur de Dieu est appelé à tourner ses regards vers le Seigneur qui l'a appelé. Tout véritable serviteur de Dieu doit connaître son appel et celui qui l'a appelé et celui qui l'a appelé lui donnera aussi la Parole à prêcher. Aujourd'hui, c'est un véritable système dans lequel les prédicateurs sont gardés captifs et surtout dans la peur.

Je me souviens d'un rêve que frère Branham avait raconté. Il disait que dans son rêve, il avait vu un homme qui était grand et fort et qui frappait une femme et cet homme avait un instrument qui avait trois côtés et c'est avec ça qu'il frappait cette femme. Et chaque fois que la femme voulait se relever, cet homme la frappait avec cet instrument qui avait trois côtés. Chaque fois que la femme faisait un effort pour se relever afin de s'échapper, cet homme la frappait avec cet instrument à trois côtés.

Il reçut l'interprétation de ce rêve, la voici : L'homme avec son instrument à trois côtés représentait la doctrine de la trinité et la femme qu'il frappait représentait l'Eglise.

Chaque fois que l'Eglise veut se relever, on la frappe avec la doctrine de la trinité.

Aujourd'hui, c'est la même chose avec les prédicateurs. Aucun prédicateur n'a la liberté de se tenir dans la présence du Seigneur et se laisser conduire par le Saint-Esprit, ni n'a le droit de dire : « **Le Seigneur m'a parlé** ». Pour qu'il soit connu comme serviteur de Dieu, il faut qu'il jure obéissance et soumission au serviteur fidèle. Tout ce que le prédicateur doit prêcher, doit venir du serviteur fidèle. Si le Seigneur saisit un serviteur de Dieu afin qu'il serve pleinement le Seigneur, on le frappe sur la tête avec **Matth. 24 : 45-51**. Tu peux prêcher toutes les fausses doctrines et n'avoir jamais été appelé au ministère, si tu t'attaches au serviteur fidèle de **Matth. 24 : 45-51, tu deviens automatiquement un véritable serviteur de Dieu.** Il n'est même plus besoin de dire que tu as été appelé par Dieu, ni même de rendre ton témoignage de l'appel au ministère car tout cela est faux, le seul témoignage au ministère est celui de **Matth. 24 : 45-51**.

Que tu tournes à droite « **Matth. 24 : 45-51** », tu tournes à gauche « **Matth.24 : 45-51** », le serviteur fidèle. En fait, c'est Dieu sur la terre. Quelle abomination ! En réalité, l'homme s'y plait là-dedans. Tous les prédicateurs ont peur qu'ils soient considérés comme rebelles s'ils ne citent pas «le serviteur fidèle» lors des prédications. Ils vous diront avec beaucoup de force et d'énergie, jusqu'à déchirer les cordes vocales, que les branhamistes ont toujours à la bouche : Branham a dit, Branham a dit : « Nous ne sommes pas de branhamistes et nous ne prenons pas des citations dans les brochures ». Quelques minutes après, vous entendez les mêmes prédicateurs vous dirent : « **Le serviteur fidèle a dit, le serviteur fidèle a dit** ». Et pour prouver leur attachement à ce ministère **du serviteur fidèle, ils vous sortent la lettre circulaire et vous en lise les citations.** C'est déplorable ! Voilà où les prédicateurs sont amenés et où le peuple de Dieu est entrainé ! J'ai vécu cette situation un jour dans l'assemblée à Bruxelles, des frères prédicateurs étaient venus me voir à Bruxelles. Je ne sais pas ce qu'on leur avait raconté. Je les ai reçus et j'ai donné la chaire pour qu'ils prêchent. A ma grande surprise, je pouvais entendre de mes propres oreilles le frère qui était entrain de prêcher déclarer ceci : « Les branhamistes disent toujours : frère Branham a dit, frère Branham a dit et ils n'ont que ce nom à la bouche et en plus ils ne donnent que des citations. Nous ne disons pas frère Branham a dit, mais nous disons ce que la Parole dit et ensuite il ajoute : Dieu nous a donné un serviteur fidèle et prudent. Il continua de faire des éloges et ensuite il dit : Nous dans nos églises là-bas, lorsque la lettre circulaire nous arrive, elle est pour nous la Parole de Dieu et nous la lisons dans toutes nos églises intégralement ».

Ma question est la suivante:

Où est la différence avec les branhamistes dont il a parlé? Aucune car c'est le même esprit. Bien-aimés en Christ, ne voyez-vous pas que vous tournez en rond? La nourriture spirituelle se trouve-t-elle dans les lettres circulaires ou sur les bandes magnétiques?

Car une brochure est l'impression de ce qui est sur la bande magnétique.

Dans quelle direction allons-nous ? N'est-ce pas vers le catholicisme moderne, vers la papauté nouvelle version ? Tout prêtre qui ne reconnaît pas l'autorité du pape est excommunié. Tout prédicateur qui ne reconnaît pas l'autorité du serviteur fidèle et qui ne se soumet pas à lui est excommunié. Le terme que l'on utilise est celui-ci : **Il est sorti de la ligne.** Posez-leur la question de savoir de quelle ligne est-il sorti ? De celle qui conduit à la papauté ou bien de celle qui conduit à Christ ?

Quelle différence y a-t-il entre les deux ?

La voici la différence :

. Dans la ligne qui conduit à la papauté, c'est l'homme qui est le chef et qui dirige tout.

. Dans la ligne qui conduit à Christ, c'est l'Esprit de vérité qui nous conduit. Le prédicateur est conduit par le Saint-Esprit à 100% :

« *L'Esprit de vérité vous conduira dans toute la vérité* ». « *Je suis le chemin, la vérité et la vie* ».

Mais frère Léonard, un homme qui a reçu l'Esprit de Dieu, Dieu ne peut pas l'abandonner !

Le pape a le droit, selon l'église catholique, de donner l'interprétation selon sa convenance à la Parole de Dieu pour justifier sa position et son état.

Que disent les Saintes Ecritures ?

Samson et Delila

« *Elle lui dit : Comment peux-tu dire : Je t'aime! Puisque ton cœur n'est pas avec moi ? Voilà trois fois que tu t'es joué de moi, et tu ne m'as pas déclaré d'où vient ta grande force. Comme elle était chaque jour à le tourmenter et à l'importuner par ses instances, son âme s'impatienta à la mort, il lui ouvrit son cœur, et lui dit : Le rasoir n'a point passé sur ma tête, parce que je suis consacré à Dieu dès le ventre de ma mère. Si j'étais rasé, ma force m'abandonnerait, je deviendrais faible et je serais comme tout autre homme. Delila, voyant qu'il lui avait ouvert le cœur, envoya appeler les princes des Philistins, et leur fit dire : Montez cette fois, car il m'a ouvert son cœur.*

Et les princes des Philistins montèrent vers elle, et apportèrent l'argent dans leurs mains. Elle l'endormit sur ses genoux. Et ayant appelé un homme, elle rasa les sept tresses de la tête de Samson, et commença ainsi à le dompter. Il perdit sa force. Elle dit alors : Les philistins sont sur toi, Samson ! Et il se réveilla de son sommeil, et dit : je m'en tirerai comme les autres fois, et je me dégagerai. <u>IL NE SAVAIT PAS QUE L'ETERNEL S'ETAIT RETIRE DE LUI…</u>». Juges 16 : 15-20e

LE SURNATUREL

Chaque serviteur de Dieu dans l'exercice de son ministère, puisqu'il est appelé de Dieu, le surnaturel doit toujours prendre place; c'est-à-dire se manifester. C'est ce que nous voyons parmi les apôtres, car la Bible dit : « *Et ils s'en allèrent prêcher partout. Le Seigneur travaillait avec eux et confirmait la parole par les miracles qui l'accompagnaient. Amen !* » Marc 16 : 20

L'apôtre Paul de déclarer : « *...Et ma parole et ma prédication ne reposaient pas sur les discours persuasifs de la sagesse, mais sur une démonstration d'Esprit et de puissance, afin que votre foi fut fondée, non sur la sagesse des hommes, mais sur la puissance de Dieu* ». 1 Cor 2 : 4-5

* Une jeune fille ramenée à la vie.

Je me souviens qu'un jour, j'étais quelque part et on m'a téléphoné et j'ai décroché. C'était ma bien-aimée sœur Sylvie (Bibiche), la mère de Marlène. Elle m'appelait pour que j'aille prier pour sa fille car elle était malade et son état se dégradait et elle ne comprenait pas ce qui se passait. Comme la maman, notre sœur, est une fille de Dieu, la première réaction était de recourir à son Seigneur Jésus-Christ. C'est pourquoi, elle m'appela pour aller prier pour sa fille. L'endroit où je me trouvais était très éloigné du lieu où elle était avec sa fille. Elles étaient chez elle à la maison. Je lui ai dit que j'allais venir et que je me mettais en route.

Lorsque je suis arrivé, j'ai trouvé l'ambulance déjà sur place et l'enfant était déjà dans l'ambulance. Son cas était très sérieux. J'ai demandé à sa maman dans quel hôpital on emmenait l'enfant, elle me l'a dit et j'ai commencé à suivre l'ambulance derrière car la maman et son autre fille Jemima, la petite sœur de Marlène, étaient dans l'ambulance.

Nous sommes arrivés à l'hôpital Saint-Pierre et l'ambulance est entré dans son emplacement et je me suis arrêté sur le parking et je suis descendu et suivi la sœur et sa fille. Lorsque l'ambulance emmène une personne à l'hôpital, on la traite en priorité, c'est ainsi que le médecin vint rapidement se pencher sur l'enfant. Lorsque le médecin entra dans la chambre où l'on avait déposé Marlène, je suis entré aussi et comme d'habitude, il commença à poser des questions à sa mère pour savoir ce qui s'est passé. Pendant que la maman parlait, le médecin cherchait à ausculter Marlène. J'ai constaté comme une panique de la part du médecin car il secouait l'enfant, et l'enfant ne bougeait plus, il la tapait, rien. La maman a constaté que son enfant était partie et la petite sœur a constaté que sa grande sœur était partie. Elle ne bougeait plus, il n'y avait plus de respiration. J'ai touché le corps de Marlène. Son corps était froid. Lorsque quelqu'un meurt le corps devient froid, c'est ainsi qu'était le corps de Marlène. Tout le monde a commencé à pleurer, le médecin est sorti et a dit qu'il ne savait plus quoi faire. Il était incapable.

J'étais très triste de voir que ma bien-aimée sœur venait de perdre sa fille. Je suis sorti de la chambre et le corps de Marlène était resté là allongé inanimé. Il y avait une chaise devant la chambre où, elle était allongée. Je me suis assis et j'ai incliné la tête et j'ai commencé à prier et j'ai dit : « Seigneur, mon Dieu, Tu es le même Dieu Tout-Puissant, regarde ma sœur qui vient de perdre sa fille, Tu es Le même et Tu peux ramener cet enfant à la vie. Vois la tristesse de ta fille et redonne-lui son enfant. Tu peux la ramener à la vie ».

Il faut dire que c'est une famille que j'aime beaucoup et ces enfants, je les ai vu grandir, elles étaient comme mes propres enfants, j'ai prié de tout mon cœur. Après la prière, j'ai senti quelque chose en moi, une puissance qui m'envahit. J'ai su que le Seigneur était là, je me suis levé et je suis entré dans la pièce où le corps de Marlène inanimé était allongé. Je me suis approché du lit et j'ai imposé mes mains sur ses jambes et elles étaient froides, glaciales et j'ai commencé à prier et à demander au Seigneur de la ramener à la vie. Tout à coup, j'ai senti la chaleur qui commence à monter dans son cœur depuis l'endroit où mes mains étaient posées jusque vers le haut et immédiatement celle qui était partie revint à la vie et ouvrit ses yeux. La première chose qu'elle a demandée était de manger un sandwich et sa maman revint dans la chambre et trouva sa fille vivante. Jusqu'aujourd'hui, Marlène est vivante et sa maman est toujours à l'assemblée. Il ressuscite encore les morts.

* Démonstration de l'Esprit

Lors de mon voyage missionnaire en Asie, il y a deux ans de cela, c'était aux Philippines, j'avais parcouru plusieurs villes et apporté la parole de Dieu et le Seigneur confirmait sa Parole. Je me souviens lors de l'une des réunions tenues à Cabadbaran où le Seigneur s'est manifesté d'une manière extraordinaire. Lorsque je suis arrivé à Cabadbaran, j'ai trouvé des banderoles des annonces et notre frère avait invité des chrétiens des différentes églises. Mais un pasteur d'une église dénominationnelle a dit à ses fidèles de ne pas venir aux réunions car comme vous le savez les églises dénominationnelles n'aiment pas la Parole de Dieu. Donc toute l'église devait rester à la maison. J'ai donc commencé les prédications. Quelque chose de surnaturel s'est passée, les membres de cette église ont rendu témoignage en disant : Lorsque nous sommes restés comme le pasteur nous avait interdit de venir, nous avons obéi, mais il s'est passé quelque chose-là où nous étions, c'était comme une puissance qui nous poussait à venir. Ils ne savaient pas l'expliquer. Ils sont donc venus car ils étaient très sceptiques en ce qui concerne le message surtout ce qu'on en dit. Ils sont quand-même venus. Lorsque j'ai commencé à apporter la Parole de Dieu, la présence du Seigneur était tellement puissante que je n'ai même pas appelé une ligne de prière que les gens se sont levés et se sont avancés, pleurant.

Je peux vous assurer qu'il y avait des guérisons instantanées. Le Seigneur était présent. Les membres de cette église ont non seulement entendu la Parole de Dieu mais ils ont vu le Seigneur à l'œuvre.

Tellement touchés et convaincus par le Seigneur, ils sont allés voir notre frère qui avait organisé les réunions et lui ont dit :

« Notre pasteur nous avait interdit de venir mais quelque chose nous avait poussé de venir, nous sommes venus et nous avons écouté la Parole de Dieu et nous avons compris ce qu'était le message et non comme on nous l'avait raconté et nous avons vu ce que Dieu a fait. Voici notre décision : Dès maintenant, nous avons décidé de quitter notre église et de venir dans votre église, nous allons chercher nos appareils et nous ramènerons tout chez vous dans votre église. Nous le faisons aujourd'hui même ».

Notre Dieu est un Dieu du surnaturel.

*Un Catholique touché d'une manière surnaturelle par le Seigneur

Lorsque j'ai terminé les réunions à Cabadbaran, je suis parti à Manilla. Arrivé à Manilla dans l'hôtel, le frère qui est chef de sécurité dans cet hôtel a organisé une réunion le même soir et il avait invité son directeur de ressources humaines à venir participer à cette réunion. J'étais dans l'avion avec mon frère NONOY, je lui ai dit que j'étais très épuisé par des nombreuses réunions, les prières pour les malades, le service de baptême et je lui demandai de tenir la réunion du soir organisée à l'hôtel. Il me répondit calmement car c'est un merveilleux frère, très calme de nature. Il me répondit en me disant : Mon frère, ce n'est pas moi que l'on attend à Manilla, c'est bien toi. Je pensais qu'il parlait seulement comme ça et je me suis dit que comme il était partout avec moi, il tiendra la réunion. Nous sommes donc arrivés à Manilla et moi je suis allé à l'hôtel et lui chez lui à la maison. De mon côté, j'étais content, je me suis dit : Ils m'ont oublié pour la réunion et frère NONOY va tenir la réunion dans la salle en bas. A ma grande surprise, vers 19 heures, j'entends sonner à la porte de ma chambre d'hôtel. Qui je vois ? C'est notre bien-aimé frère Neil chef de sécurité qui vient me chercher avec son sourire habituel afin de m'emmener en bas pour les réunions. Je me suis dépêché pour m'apprêter et je suis descendu avec lui. Je ne savais pas que parmi les personnes qui étaient là, il y avait son directeur qu'il avait invité. En descendant je me disais : De toute façon frère NONOY sera là, je dirai bonjour et je lui laisserai la place. Arrivé en bas dans la salle, frère NONOY n'était pas là. Après quelques cantiques, je fus donc demandé à apporter la Parole, j'ai commencé à prier et à implorer la grâce de Dieu.

J'ai commencé à apporter la parole de Dieu en leur montrant que le Seigneur Jésus-Christ était le même, hier, aujourd'hui et éternellement. Lorsque j'ai dit cela, quelque chose s'est passée et tout à coup j'ai dit ceci : Le Seigneur Jésus-Christ dont je viens de parler est ici maintenant. Il y a dans cette salle quelqu'un qui a demandé d'être un jour touché par ce Sauveur. Aujourd'hui, Il est ici, j'ai dit à tout le monde ceci : Levez-vous et priez, Il est ici et Il peut vous toucher. Tout à coup, j'ai entendu les voix qui commençaient à monter dans la prière, les confessions, les gens qui criaient et qui pleuraient.

Mon Seigneur Jésus-Christ était là. C'est tout simplement merveilleux ! Nous sommes restés dans sa présence et après, j'ai quitté l'estrade pour laisser la place à notre frère Neil et au pasteur Nonoy qui étaient déjà arrivés pendant la prédication pour clôturer.

Le frère Neil m'a demandé de serrer la main de tout le monde.

J'ai vu des sœurs pleurer, j'avançais et je serrai les mains de chacun et je suis arrivé à une personne et je lui serrai la main et j'ai vu comme s'il allait se mettre à genoux. Je l'ai retenu, je lui ai dit non, c'est moi qui ai besoin de vos prières, je suis un homme comme vous. En fait, c'était le directeur qui était invité. Voilà ce qui s'est passé, ceci, je l'ai su le lendemain. Le lendemain, je devais prêcher dans une autre salle où toutes les églises étaient réunies.

Le matin, lorsque frère Neil est venu me chercher, nous sommes descendus, il m'a ouvert la portière et je me suis assis et il m'a dit : Frère, j'ai quelque chose à te dire. Hier, il s'est passé quelque chose d'extraordinaire lors de la réunion. Voilà ce qui s'est passé lorsque vous avez dit que le Seigneur était là et que vous avez dit qu'il y a quelqu'un ici qui a demandé à être un jour touché par le Seigneur et tu as dit le Seigneur est ici, Il peut te toucher. Dans la salle, il y avait mon directeur des ressources humaines que j'avais invité, c'est un catholique. Il était venu assister pour la première fois à une réunion qui n'est pas de l'église catholique.

Après la réunion, il criait et disait à tout le monde : Est-ce que vous l'avez vu ? Est-ce que vous l'avez senti ? Il dit : Moi oui, je L'ai senti. Il était là à côté de moi et Il m'a touché. Il me dit ceci : Au moment où je vous parle, il est à la réception, il veut vous suivre pour aller écouter la Parole de Dieu ce matin. Est-ce que je peux lui demander de venir ? Je lui ai dit oui. Il l'a appelé et il est venu. Lorsqu'il est arrivé, il avait un très grand respect à mon endroit et il me dit : Est-ce que je peux m'asseoir ici à côté de vous ? Je lui ai dit, mais oui bien sûr. Il me relata dans la voiture ce qui lui était arrivé hier, comment le Seigneur s'était tenu là à côté de lui.

Il dit : Lorsqu'il m'a touché, j'ai senti quelque chose de puissant et de pur entrer en moi. Lorsque cela est entré en moi, les choses mauvaises qui étaient en moi je les ai senties sortir de moi.

Il me dit : Je ne comprends pas, lorsque je suis rentré chez moi, je ne pouvais pas dormir, je voulais être le matin pour venir vous écouter, j'avais besoin d'écouter la Parole de Dieu. En plus, j'avais des problèmes à la maison avec ma femme mais lorsque cela s'est passé en moi, j'ai commencé à aimer ma femme, nous sommes maintenant bien.

Il me dit : Mais je ne comprends pas ce qui se passe. Comment ça se fait que je commence à aimer écouter la Parole de Dieu ? Chose pareille ne s'est jamais passée dans ma vie, qu'est-ce qui m'arrive.

Je n'ai pas pu dormir, je voulais être déjà le matin pour venir vous écouter. Je lui ai dit ceci : En effet, celui qui vous a touché ce n'est pas moi, c'est le Seigneur Jésus-Christ. Comme c'est Lui qui vous a touché, Il ne peut pas vous amener vers un homme, Il vous amène à Lui. Vous avez soif d'écouter sa Parole car Il a déposé sa semence en vous. Ce n'est pas la semence d'un homme, c'est la semence de Dieu, sa Parole. Elle doit produire ce dont pour lequel elle a été envoyée : La nouvelle naissance. Ce directeur a été baptisé ce même dimanche avec les autres dans le Nom du Seigneur Jésus- Christ.

* La Vision

Lors de mon voyage missionnaire en Inde, le Seigneur a agi d'une manière extraordinaire. Je suis arrivé dans la ville de Thiruvanputham car c'est là que je devais commencer les réunions. J'étais très touché par l'accueil et l'empressement de la foule à écouter la Parole de Dieu. C'est alors que frère Sundar me dit ceci :

Frère, si tu vois cette joie et cet empressement auprès de gens pour t'écouter, c'est parce qu'avant que tu ne viennes ici chez nous, nous ne te connaissions pas, nous savions que tu viens de l'Europe, mais de visage nous ne te connaissions pas, nous avons donc prié le Seigneur. C'est à ce moment que le Seigneur nous a montré ton visage, nous savions que tu venais de l'Europe mais que tu n'avais pas la peau claire, tu avais la peau foncée et le Seigneur nous a dit : « C'est mon élu…»

*Sa présence qui n'a jamais fait défaut.

Le mois de Juillet 2009, j'étais en voyage missionnaire au Gabon. C'était une réunion publique dans une salle de la mairie de Nzeng-Ayong, beaucoup de personnes étaient réunies. Voici le témoignage tel que donné là-bas après la réunion.

« Pendant le près-service, je priais pour la réunion et j'ai entendu une voix qui m'a dit : Celui-ci est mon serviteur, je l'ai envoyé ici parce que vous avez des besoins ». J'ai compris que le Seigneur parlait du pasteur Léonard. Peu après pendant la louange, je Le vis apparaître (Le Seigneur Jésus-Christ) dans la salle, je le reconnus à cause de ses marques de clous aux mains et aux pieds et Il dit : Je suis ici, le Saint-Esprit est là, mais pourquoi tant de discorde au milieu de vous ? » Puis la salle était en feu, nous étions entrain de louer et (il y avait) des flammes (de feu), tous joyeux (louant le Seigneur) et enfin, je vis UN GRAND ET ENORME AIGLE qui survolait au-dessus de nos têtes pendant toute la louange.

Des témoignages de ce que le Seigneur a fait et continue de faire, il y en a beaucoup jusqu'à maintenant Il le fait.
Notre Dieu est le Dieu du surnaturel. Il confirme sa Parole.

Conclusion

C'est avec certitude que nous pouvons dire que le Seigneur Jésus-Christ est le même, hier, Aujourd'hui et éternellement. La lumière qui a apparut dès le commencement est celle qui réapparaitra au temps du soir « En ce jour –là, il n'y aura point de lumière ; il y aura du froid et de la glace. Ce sera un jour unique, connu de l'Eternel, et qui ne sera nu jour ni nuit ; mais vers le soir la lumière paraitra. » Zacharie 14 :6-7

Nous sommes vraiment au temps du soir et la lumière est apparue pour permettre à chaque homme de voir clairement et de prendre sa décision. Le peuple de Dieu est appelé à revenir sur le fondement véritable qui la parole de Dieu telle que prêchée et enseignée par les apôtres.

Ma prière est que le Seigneur accorde la grâce à chaque lecteur du premier volet de ce livre de réaliser l'urgence du moment et d'entendre l'appel à sortir de toute confusion afin de s'aligner sur la parole de Dieu. Qu'il reçoive la grâce de voir la lumière de ce jour et de marcher dans cette lumière pour aller à la rencontre de l'époux. Comme il est écrit «Au milieu de la nuit on cria : Voici l'époux aller à sa rencontre … » Matth.25 :7

Que le Seigneur vous bénisse
Missionnaire Léonard LIFESE

Oui, je veux morebooks!

i want morebooks!

Buy your books fast and straightforward online - at one of world's fastest growing online book stores! Environmentally sound due to Print-on-Demand technologies.

Buy your books online at
www.get-morebooks.com

Achetez vos livres en ligne, vite et bien, sur l'une des librairies en ligne les plus performantes au monde!
En protégeant nos ressources et notre environnement grâce à l'impression à la demande.

La librairie en ligne pour acheter plus vite
www.morebooks.fr

VDM Verlagsservicegesellschaft mbH
Heinrich-Böcking-Str. 6-8   Telefon: +49 681 3720 174   info@vdm-vsg.de
D - 66121 Saarbrücken   Telefax: +49 681 3720 1749   www.vdm-vsg.de

www.ingramcontent.com/pod-product-compliance
Lightning Source LLC
Chambersburg PA
CBHW031205160426
43193CB00008B/510